西方哲理译丛●

〔日〕西田几多郎 —— 著
代丽 —— 译

善的研究

金城出版社
GOLD WALL PRESS
北京 · 2020

图书在版编目（CIP）数据

善的研究／（日）西田几多郎著；代丽译．—北京：
金城出版社有限公司，2020.8
ISBN 978 -7 -5155 -2011 -7

Ⅰ.①善… Ⅱ.①西… ②代… Ⅲ.①现代哲学 - 研
究 - 日本 Ⅳ.①B313.5

中国版本图书馆 CIP 数据核字（2020）第 059248 号

善的研究

著　　者	（日）西田几多郎
译　　者	代　丽
责任编辑	李凯丽
责任校对	李　涛
开　　本	660 毫米 ×940 毫米　1/16
印　　张	9.5
字　　数	110 千字
版　　次	2020 年 8 月第 1 版
印　　次	2020 年 8 月第 1 次印刷
印　　刷	三河市双峰印刷装订有限公司
书　　号	ISBN 978 -7 -5155 -2011 -7
定　　价	32.00 元

出版发行	**金城出版社有限公司**　北京市朝阳区利泽东二路 3 号
	邮编：100102
发 行 部	（010）84254364
编 辑 部	（010）84250838
总 编 室	（010）64228516
网　　址	http://www.jccb.com.cn
电子邮箱	jinchengchuban@163.com
法律顾问	北京市安理律师事务所　（电话）18911105819

译 序

西田几多郎（1870—1945）在书序（1911）中所写的："这本书之所以特别名为《善的研究》，是因为尽管哲学研究占据前半篇幅，但人生的命题终究是本书的核心和终点。"人生的问题即人的生活、存在等根本性问题，既是东方哲学界历久恒新的主题，也是值得我们每个人思考与探索的议题。尽管它们在我们的生活中看起来是那样稀松平常，无关痛痒，但它们却是最关乎我们精神生活、理想信念以及安身立世之道的。对于真正关爱自我的人而言，股票、债券、楼市远远不及它们来得深刻、悠远；在一个平静、恬淡的精神净土中，我们往往会寻得几条智慧的片语，些许人生的真意。这些"所得"虽不用上税，但也不能换房子、买跑车，原因是它只为个人的感触与领悟，不为别的；同时，对于想获得哲学认证的人而言，这些碎片自然一无是处，因为任何参悟都是一种内在的吸收过程，很难外示于人、更无法加以衡量或考核。总之，想在"智慧"（哲学原意为"爱智之学"）之外别有所图的人建议不用浪费时间在这本书上。

对于单纯地想读书、爱思考的忠实读者，建议不妨来感受一下一位日本学者对于这个中国人再熟悉不过的议题的解读。中国人常说：人之初，性本善。那么，究竟何为"善"，为何"善"以及怎样"善"等一系列问题就会接踵而至。在根植于日本文化，兼受西洋学风熏陶的西田看来，实在的问题是人生问题的根本。要了解真正的实在，必须以“直接知识”为本并由此出发；该意义下的“直接知识”，并不是通常意义下对某种理论知识的拥有，而是一种直接经验到的、真正的“欲疑而不可疑的直接知识”；直接经验因此既是一种直觉经验，也是一种意识现象，而“实在只是我们的意识现象或直接经验的事实”。

与此同时，西田认为，真正的实在并不是我们通常所谓“冷静的知识对象，而是从我们的情意所产生的东西”，该意义下的实在不只是一种理论的存在，也是带有情意的东西。也就是说，我们直接经验着的世界是一个饱含情意的世界，即使是最客观的知识世界，也挣脱不了人类对其绵绵的情意纽带。这些温暖而优雅的解读在为我们开启新思路的同时，也在给我们以智慧的熏陶；或许他们赢得了你的认同，或许遭到你的反对，无论如何，你无法拒绝被他们启发，相反，跟着他们缓缓的步伐，你将开始自己的思考……

通读西田的著作后掩卷遐思，不禁觉得这位学者的执着有些可爱，原本关乎人生的重大课题，绝不是几句话能够厘清阐明的，而他却偏偏钟爱于这块难啃的骨头。在他探讨经验、实在与自我等核心论题时，字里行间始终流动着一丝不动声色的愉悦，一种娓娓道来的优雅，一股发自肺腑而又感人至深的真情，仿佛我们看到一位布道者踽踽独行于晨雾缭绕的荒原之上，前途漫漫，却又信心满怀……也许，无论作为一个读者还是译者，在内心深处我们都会喜欢那些真诚、执着而又可爱的人以及他们的思想，相信从中我们会为自己拾到一个最触动心弦的思想碎片。

译　者

再版序

自该书付梓以来，历经数十载，然而撰写该书比付梓之日仍早数年。抵达京都之后，有幸能够致力于读书、思考，思想得以些许洗练充实。因此，对于该书自然渐生不满，直至最后将其绝版。然而，基于来自各方面的再版要求以及考虑到数载之后，欲再创一本涵盖我思想全貌的著作这两点原因，我决定使其重新问世。在再度面世期间，承蒙务、世良两位文士鼎力相助，为我校对、订正讹误，笔者不胜感激。

大正十年（1921年）1月

西田几多郎

本书是我在金泽市第四高等学校执教的很多年里撰写的。起初，本想在其中就有关实在的部分详加阐述即行付梓，无奈受疾病与诸多烦琐的牵扰，终未遂愿。如此几年之后，自觉思想渐变，难遂初愿，故此，将其原貌呈现。

对于该书，我是先完成第二章和第三章，然后加写两章，分列一、四章。第一章阐述作为我思想根本的纯粹经验的性质，初读者可略过。第二章叙述我的哲学思想，自成该书点睛之处。第三章初步以前一章思想为基础，论述善的问题，但也无妨视之为单独的伦理学部分。第四章则就我向来视为哲学终结性问题的宗教叙述了我的看法。该章是我卧病时所写，缺憾之处在所难免，幸而如愿完成。所以将该书命名为《善的研究》，是因为尽管哲学研究占据前半篇幅，但人生的命题终究是本书的核心和终点。

长久以来，我就持有这样的想法：纯粹经验即为可以用来说明一切的唯一实在。最初读了一些马赫等人的著作，但仍未满足。后来，渐渐明了并非有了个人才有经验，而是有了经验才有个人，而且经验与个人之间的差别更加根本，从此种体会出发，我渐渐摆脱了唯我论；同时，由于认定经验是能动的，进而可以与费希特以后的超越哲学进行调和，所以才写了本书的第二章，当然，还是尚待完善。

进行思考的人，往往被墨菲斯特里斯①嗤笑为："有如在绿色的原野上吃草的动物。"但是，就像哲学家黑格尔所说的"命中注定我受罚去思考哲学"那样，人们一旦吃了伊甸园的禁果，就不得不受这种折磨。

明治四十四年（1911 年）1 月

西田几多郎于京都

① 歌德《浮士德》一书中的魔鬼。

新版序言

本书几经重印，字迹已近斑驳，故此重新排印。该书为本人观点的初步整理、汇总，多系年轻时代的设想。本想借此良机修缮原著，但时移世变，思想日新，事隔数载，已无从下笔。无奈之下，依其旧貌，再度付梓。

依照时下的观点，本书所采纳立场为意识之立场，或被视为心理主义之立场。虽受此种非难也实属无奈。然而，成书期间，潜藏于笔者内心深处的绝不止此若干。笔者“纯粹经验”之立场，待到撰写《自觉之直视与反思》一书时，借费希特“纯粹经验”的主张转入“绝对意志”之立场；待到创作《从所为到所见》一书的后半部时，再度从希腊哲学转入“场景”之观点。时至那时，才发觉自己之思想得以逻辑化之开端。于是，“场景”之观点即具体化为“辩证法的一般规律”，同时“辩证法的一般规律”的立场立即直转为“行为之直观”的立场。本书所说“直接经验之世界”或“纯粹经验之世界”，现已被视为历史实在之世界。行为之直观世界，即“想象之世界”，实属真正的纯粹经验之世界。

费希纳[①]曾言：某日晨起，于莱比锡玫瑰谷的座椅上休憩……沐浴

---

① 费希纳（G. T. Fechner，1801—1887）德国唯心主义哲学家，现代实验心理学奠基人。

于春日朗朗日光，遥望鸟语花香、虫飞蝶舞之牧场，内心中尘封之无声无色、呆板机械之暗夜般看法忽然一扫而光，转而沉浸于对当前现实白昼之冥思。不知受了何种影响，笔者向来有此种想法：实在之物必为其现实原貌，所谓物质世界也无非是从此种现实思考推演而出的。时至今日，我仍然记得在高等学校读书时，一边漫步于金泽市长街，一边入梦般沉湎于此种冥思的情景。或许，当时的思考已为今日之书奠基。虽然撰拟该书时，不曾料想其历经数载仍为众人所诵读，也未料有幸残喘至今再睹其貌。故此，睹物触怀，不禁自伤命途多舛。

昭和十一年（1936 年）10 月

西田几多郎

目 录

第一章　纯粹经验

第一节　纯粹经验

所谓经验，即为按照事实其原貌去感知它。也就是完全不经自己的加工，按照事实来感知。一般所说的经验，实际上总夹杂着某种思想，因此，所谓纯粹，即指丝毫未加思考、辨别的、真正经验的初始状态而言。例如，在看到一种颜色或听到一种声音的瞬息间，看者或听者不仅没有考虑这是外物的作用还是自己在感觉它，而且也没有判断此颜色或声音之前所处的状态。因此，纯粹经验与直接经验是同一的。当人们直接经验到自己的意识状态时，还没有主客之分，知识和他的对象是完全合一的，即为最纯的经验。当然，在一般情况下所谓“经验”的含义并不明确，如冯特就把基于经验推论出来的知识也名之为间接经验，称物理学、化学等学科为间接经验的学问。但实际上，他们并不能说是正确意义上的经验。不仅如此，即使是意识现象，个人也不能经验他人的意识；即使是自己的意识，如果是对过去的回想或是对当下意识做出判断，也都不能算是纯粹的经验了。真正意义上的纯粹经验，是不具有任何意义的，而只是反映事实原貌的当下意识。

那么，从以上论述来看，究竟什么样的精神现象才是纯粹经验的事实呢？谁也不会否认，感觉和知觉属于纯粹经验。不过，我相信一切精神现象都是以这种状态呈现的。即使拿记忆来说，它既非过去意识的直接再现，也并非是对过去的直觉。感觉虽是过去的，但它毕竟是现在、当下的感受。即使抽象的概念，也决不是超经验的东西，仍然是一种现在的意识。又如几何学家在脑中构想一个三角的时候，会把它当作一切三角形的典范，此种概念的代表因素也无非是当前的一种情绪而已。此外，如果将所谓意识的边缘看作直接经验的事实，那么就必然使得经验的事实之间的各种关系的意识也都像感觉、知觉一样被列入直接经验的范围之内。如果是这样，那么情绪的现象又是怎样的情形呢？愉快与否的感情必然是当下的意识；即使在意志方面，尽管其目的在于将来，却也总被我们当作现在的欲望来知觉。

那么，这种与我们有直接关系、作为一切精神现象的原因的所谓纯粹经验是什么呢？接下来我们将对其略加探讨。关于这一点，首先会引发这样一个问题：纯粹经验究竟是单纯的还是复杂的？虽说是直接的纯粹经验，如果从它是由过去经验所构成这一点来看，或者从以后可以把它分解为单一因素这一点来看，也许可以说它是复杂的。但是，不论纯粹经验多么复杂，在它发生的那个瞬间却始终是一个单纯的事实。即使是对过去意识的再现，当其被统一到现在的意识中并成为它的一个因素而得到新的意义时，就已经不能说它与过去的意识是同一的了。同理，在当下意识被加以分析时，它就已经和分析发生时的意识不能同一了。从纯粹经验的角度来看，万事皆异，万物皆异：每个事物、每个场景都是单纯而独特的。其次，我们来看纯粹经验的综合范围是怎样的？纯粹经验的现在并非说“当我们开始思考现在时，就已经不是现在的那种思想上的现在”。作为意识上的事实的现在，它必须有一定时间的持续，即意识的焦点始终落在现在上。因此，纯粹经验的范围自然与主一定范围趋同。但是，我认为该范围不是仅限于“绝对单一”的注意。我们能够不掺杂任何主观思绪把我们的注意力转向主客合一的意识状态。如登山者奋力攀登峭壁时，音乐家熟练地演奏乐章时，都可以说完全是知觉的链条。又如动物的本能动作也同样反映这样的精神状态。在这些精神现象上，知觉保持着严密的统一和连续，即使意识转而为他，注意也始终朝向同一事物，前一动作自动引起后者毫无思维的介入。与转瞬即逝的知觉相比较，虽然注意有所转移，时间长短有别，但是从“直接”和“主客合一”上看，二者没有丝毫差别。尤其是所谓的“瞬间知觉”，如果认为它实际上是由复杂的经验结合而成的话，那么上述两者的区别就绝非质的差异，而应该说仅仅是程度的差异。纯粹经验不仅限于单一的感觉。心理学家所说的严格意义上的单一感觉是作为学术分析的结果而假想出来的，并非事实上的直接、具体的“经验”。

纯粹经验之所以是直接而纯粹的，并不在于它是单一的、不可分析或转瞬即逝的，相反，是在于它是具体的意识的严格统一。意识绝非如心理学家所说，是由单一的精神因素结合而成，事实是其自身自成体系。正如初生婴儿一般的意识，其实是晦暗不明的混沌一团。千头万绪的意识状态就从这混沌里面分化、发展而来。但无论怎样精细地分化，它也不会打破其根本体系的初始状态。我们直接、具体的意识始终是以此种面貌呈现的。即使倏忽变幻的知觉也绝不能背离这种状态。例如，我们感觉到我们能一眼把握事物所在场景；但如果仔细研究，也就是随着眼球的转动，我们的注意随之转移，才能最终得以感知事物全貌。由此可见，意识，根本上就是作为整个体系来发展的；因其体系的统一和严密，在众意识分化发展之间，我们将不会失去纯粹经验的立足点。在这一点上，知觉的经验和表象的经验都是如此。在表象作为一个体系自行发展时，整个体系即成为纯粹经验。歌德在梦中直觉地吟诗作赋就是该状态的典范。或许有人认为，在知觉的经验方面，注意力由于受到外物支配而不能说是意识的统一。但是，在知觉活动背后，也必然存在某种活跃着的无意识的向心力，注意即由它所引发。反之，表象的经验无论怎样被统一，也必定归为主观活动，看来似乎不能说他是纯粹的经验。但是，即使是表象经验，当它的统一是必然、自发而完成的时候，我们也必须把它看作纯粹的经验。例如，做梦。在没有外界事物破坏其统一时，它是与知觉经验完全混同在一起的。经验原本没有内外之别，使其成为纯粹的并非种类之别，而在于它的统一。表象，在它与感觉严密结合的时候，即为一个经验；一旦它脱离了现在的统一而与别的意识发生联系的时候，它就已然不是现在的经验，而成为所谓的意义。此外，在只是作为表象的时候，就像做梦的情形，它与知觉完全混同。感觉之所以始终被认为是经验，很可能是因为它始终是注意的焦点和统一的核心的缘故。

现在，我想对意识统一的意义加以详细界定并阐明纯粹经验的性质。所谓意识的体系，即指统一的某种事物像一切有机体那样有序合理地展开分化和发展，进而完成其全貌的过程。就意识而言，它开始只是显示一个侧面，同时，统一的作用便作为倾向的感情随之而来。支配我们的注意的正是此种作用。在不受外界阻碍的时候，该作用是无意识的；但在其他相反的情况下，则立刻脱离纯粹经验的状态，转而成为表象出现在意识中。也就是说，在统一力量发挥作用时，全部都是现实，是纯粹经验。而意识都是冲动性的，如果像唯意志论那样把意志当作是意识之根本形式的话，那么意识所遵循的发展形式就是广义的意志发展所遵循的形式，其统一的倾向则为意志的目的。所谓纯粹经验，是一种最自由灵活的状态，也就是意志的要求与现实毫无空隙，完全吻合。当然，如果从意志选择的角度看，这种受冲动所支配的意志状态反而可以看作是意志的枷锁；意志选择已然是意志不自由的状态，但是，当我们训练意志后，他便又进入冲动状态。意志的实质不在于未来的欲望而在当下的活动。伴随意志的外在行为并非意志的必备组成部分。以纯心理学的观点看来，意志是一种意识的内在而统觉的活动，并且除了此种一致性的活动之外，别无其他独特现象可以被称作意志。事实上，此种一致性活动的巅峰状态即为意志。像意志一样，思考也是一种统觉的活动，但其一致性只涉及主观，而意志则牵涉到主观、客观的统一。基于此原因，意志永远是在“当下”发生。

我一直主张：纯粹经验是对事实原貌的直觉体察，毫无意义可言。当被如此表述时，它很可能被看作一种含糊不清的状态。然而，因为各种意义和判断来源于经验自身的特质，所以这些特质并非是意义和判断赋予的：经验总是包含一定的区分。例如，人看到一种颜色并判断它是蓝色，但是这个判断并没有使得原本的颜色感知更为清晰；它仅仅是建立了一个当下感知和过去的类似感知之间的关系。或者如果我对桌子发生了一个单纯的视觉经验并对其做出种种判断，这个经验本身的内涵并不会因此而更加充实。经验的意义或者对其所作判断仅仅是对该经验与其他经验之间的关系表述，并不能丰富它的内涵。意义或判断是对原有经验的部分抽取，相比于原有经验它们的内涵要贫乏得多。当然，有时在我们回收原有经验时，会对一些没有察觉的事情有所察觉，但这不过是对我们先前忽略的事物的再次关注所引起的。因此，意义或判断不会给经验增加任何新意。

设想纯粹经验必然包含区分，那么增加给它的意义和判断又是什么？而且它们又是如何与纯粹经验联系起来的？人们经常争论：当纯粹经验与客观外物相联系时便会产生意义并采用判断的形式。但我对纯粹经验的理论观点是：我们对相关问题的讨论并不能脱离纯粹经验的范围。意义或判断来自现在意识与过去意识的联系；意义和判断立足于意识这张大网中的一致性的活动。它们暗示出现在意识与其他意识间的关系，并因此仅仅表述了当下意识在整个意识网络中的位置。例如，一个人将某种听觉感受解读为铃声，他仅仅是建立了该听觉感受与过去经验的联系。

无论性质如何，只要意识保有一个严密的整体，那么它就是一个纯粹经验：它只是一个事实。但当完整体破裂，当下的意识与其他意识发生关系时，意义和判断就产生了。不同于向我们直呈其貌的纯粹经验，过去的意识一旦被激活，就与一些当下意识联合起来，与另一些当下意识发生冲突。纯粹经验的状态因此而破裂并消散。诸如意义和判断之类即为这种分裂状态的产物。然而，略加推敲，我们便会看到即使是这些统一体和分裂体也只是程度上的不同，既没有完全统一的意识也不存在完全分裂的意识。全部的意识都在系统化地发展。正如一个瞬间的心照不宣就能够暗示许多敌意和计谋，所以在意义和判断所体现的相关意识背后，必定存在一个统一的意识使得这些关系的存在成为可能。像文德特多说，所有判断都来源于对复杂表征的分析。

当一个判断逐渐被完善并且其统一体越发严整时，该判断就会采用一种纯粹经验的形式。就像一个人在艺术上日臻完善就会从最初有意识进入到后来的无意识。进一步说，我们得出的结论是纯粹经验及其产生的意义或判断证明了意识的两面：它们是一个事物的不同侧面，其实它们是同一事物。在某一方面，意识拥有统一性；但与此同时，必然存在通过分化而发展的方面。正如威廉·詹姆士在文中所述《思想的溪流》“意识并不止步于当下，因为它毫无疑问地与其他意识相关联”。当下总是可以被视为一个大系统，通过分化而实现的发展则是一个更大的统一体的活动。

如果我们因此认定就连意义也是来源于一个大统一体的活动，那么纯粹经验会超越自己的领域吗？当过去被回忆唤起，未来被意志拉近，纯粹经验会超越现在吗？心理学家认为，意识是事件而非事物，因此时刻更新，永不重现。我相信他们观点的已经偏离了纯粹经验的理论。难道心理学家不能从时间的特质上推导出上述结论吗？过去不再重现，未来尚待时日？站在纯粹经验的立场上看，我们一定不能认为内涵相同的意识是相同的吗？例如，在思考或意愿中，当一个目标的表达持续地发生作用，我们必定认为它是一个单纯的统一体；同样的，即使是一个进行中的统一性活动被打断了，我们也应该同样认定其为单纯的统一体。

第二节 思 维

心理学名词“思维”是一种判定表象间关系并统一诸表象的活动。其最简单的形式就是判断，即通过判定两个表象的关系来把它们联系起来的活动。但在做出判断时，我们并未连接两个独立的表象——我们事实上是在全面地分析一个单纯表象。例如，判断“马在跑”来自对一个单纯表象的分析：“跑着的马”。纯粹经验的事实总是暗含着判断，也正基于此点原因，我们可以在一个判断中联系起主体表象和客体表象。

然而并不总是一个完整的表象先出现紧接着再开始分析。有时，一个语法主体的表象出现，会引起一系列持续不断的联系，直到我们从中选择一个来处理。然而，即使在这样的情况下，包含独立的主体和客体表象的整体表象必须出现以便我们确定一个特定的关系。尽管表象从一开始就含混不清，但是只有当真相揭晓时，我们才能够做出判断。

纯粹经验必须成为判断的依据的想法不但与事实判断有关，而且与纯粹理性判断也有联系。即使是几何学的对称轴也是基于直觉的。无论两个概念多么抽象，一个统一实在的经验隐含在它们的比较和判断中。这解释了思维的必要性。正如之前所述，如果不但认知而且对关系的意识都是“经验”的话，那么我们也可以认为纯粹经验的事实构成纯粹理性判断的基础。这对推断出来的判断也成立；正如洛克所说，在每一级说明性的知识中必定有直觉作证明，因此必定有一个纯粹经验的事实作为一系列判断中每一个判断的基础。当我们将事物各个侧面的判断综合起来，我们就得到一个结论，即使我们可能缺少能够统一整体的事实直觉，一种统一并综合所有存在着的关系的逻辑直觉。(即使是所谓的思维三定律也是某种内在直觉。) 例如，在从各种观察现象中猜想地球的运动时，人们所做出的那个判断也是依据根植于某种直觉的逻辑定律。

思维和纯粹经验一直以来被看作是完全不同的精神活动。但是当我们抛开教条，单刀直入地思考这个问题时，我们看到，正如詹姆士在《纯粹经验世界》中所说“即使是对关系的意识也是一种经验”——我们意识到思维的活动是一种纯粹经验。

我们可以区分感知和组成思维的精神图像，方法就是视前者为产生于外物对神经末段的刺激，后者则是大脑皮层的刺激。我们自身内部很少混淆感知和精神图像，但是当以一种纯心理学方式来看时，我们则无法轻松地区分二者。二者的区别并非绝对，因为是源自它们差异程度以及同其他事物的关系。(在梦里和幻觉中我们经常混淆精神图像和感知)。这种差别并不存在于原始意识中；感知和精神图像只是在后来才依据和其他事物的关系而彼此区分。感知看似一个单纯的事件，思维好像是一个复杂过程，但是感知不一定单纯，因为它也是一个身负职权的活动。

让我们进一步来讨论一下：因为可能有反对将思维归入感官经验一类的意见。人们通常认为感官经验是被动的，因为该活动完全是无意识的；思维则是主动的，因为该活动完全是有意识的。但是我们能做出如此一刀切的结论吗？当自由地发展、运作时，思维也是完全基于无意识注意的。与我们预期的相反，只有当前进受阻时，思维才会变得有意识。推动思维前进的并非自主的活动，因为思维自行发展；只有当我们摆脱自我，融入于思考的事物或问题时——当我们在其中迷失自我时，思维活动才出现。

思维有自己的定律。他按照自己的意愿行事，不为我们的意志所左右。与思考对象的融合——即将自己的注意指向思考对象——是完全自发的，但是我认为感知在这一方面也如此：我们只要将注意自由地转去，就可以看到我们想要看到的。思维统一体与感知相比，看起来更加松散，其转移也显得更加有意识。即使是这一个早期被我们视为思维的特殊特征的差别，也是相对的。一瞬间，他从一个表象变成下一个，思维同样也是无意识的，并且只要统一性活动真正地发挥作用就一定是无意识的。当我们意识到此活动是一个对象时，他就已经属于过去了。思维的统一性活动在这一方面完全出乎意志之外。

当我们思考一个问题时，看起来好像我们可以自由地从众多思绪中选择。这对感知来说也如此。在一个略微复杂的感知中，我们可以自由地指挥我们的注意力。看一幅图画，例如，我们可以关注其形式或其颜色。尽管人们声称在感知中，我们被外在所感动；在思维中，我们被内在感动；内和外的差别却是相对的。人们这样区分仅仅是因为组成思维素材的精神图像变化相对容易些，转移也更自主些。

很多人认为感知与思维完全不同因为感知是对具体事实的意识，而思维是对抽象关系的意识。但是我们不可能意识到纯粹抽象的关系。由于特定的具体精神图像，思维运动产生；没有它们，思维不可能发生。例如，为了证明三角形内角和等于两个直角度数之和，我们必须依靠某个三角形的精神图像。该思维并非一个脱离这些精神图像的独立意识，因为它实际上是一个伴随它们的现象。戈尔解释道，精神图像与其意义间的关系和刺激与反应的关系相同。思维是意识对精神图像的反应，精神图像是思维的起步：思维和精神图像不是截然分开的。一幅精神图像，无论哪一类，从不独立存在，因为他终究会出现在整体意识的关系网中。思维的这一方面是关系意识，纯粹思维是这方面尤其特别的一种思维。

考虑到精神图像和思维间的关系，我们必须追问：感知是否涉及我们在思维中看到的一些类似的东西。答案是肯定的，因为就像所有的意识现象一样，感知是一个系统的活动。感知的结果也相当值得注意，因为它以意志或运动的形式出现，但是在形象思维的情况下，它是不会超出内部联系的。在实际的意识中，感知和精神图像之间存在区别，而非具体与抽象之间。思维是对实际精神图像间的关系的意识，而且如先前所探讨的，从严格意义上的纯粹经验讲，感知和精神图像没有差别。

在以前的章节中，我从心理学角度论证即使是思维也是一种纯粹经验；但是不仅仅是一个发生在个体意识中的事实——它还有着客观意义。思维的最基本作用即为表明真相。尽管在作为个体自身意识现象的纯粹经验中并无真假之分，但是思维的确包含真假之别。为了澄清此点，我们必须细致地考察这样一些名词，诸如客观、实在、真相。当我们批判地思考时，我们意识到现实不能脱离纯粹经验的事实而存在，并且我们可以从心理学角度解释这些概念。

诸如之前所说，意识的意义来源于它和其他意识的联系——意义取决于意识所属的系统。完全相同的意识通过它们各自加入的不同系统，产生不同的意义。例如，当含有特定含义的意识的精神图像被单纯地看作它本身，与其他如何事物都无关时，它就仅仅是一个纯粹经验的事实，没有任何意义。相反地，一个由特定事实的意识所组成的感知：尽管它借助与意识系统中其他事物的关系而含有意义，在很多情况下，这个意义是无意识的。

哪些想法为真，哪些为假？我们总是相信意识系统中最权威、最有力、最深刻的才是客观实在。凡是符合上述标准的，我们就认定是真实的，凡是不符合的，我们则断定为虚假的。我们判断感知的正误也是从这一观点出发的。因此，在给定的系统中，感知如果符合系统的目标就正确；如果相反，就错了。

这些系统当然包含一系列含义，所以我们可以作以下区分：感官系统主要是实用的，而思维系统则属纯知识性的。然而，我的观点是因为知识的最终目标是实用的，理智作为意志的根基发挥其作用。尽管我以后也要就意志探讨该项，请让我在此声明即使是两系统间的这点区别也不是绝对的。尽管它们同样是心领神会的活动，一些想法和回忆的联盟不过是一种关系——或者更肯定地讲，一个统一体——在个体的意识之内，而思维则是跨个体的，普遍的。此种区别来自我们将“经验”限定在个人范围之内以及未能认识到没有哪个个体人可以先于纯粹经验（意志是次要的，理智是深刻的，二者都是基于意识统一体的要求）。

到现在为止，我们已经比较了思维和纯粹经验。尽管我们一般将二者看作截然不同的两事物，更深入的思考却揭示出他们的相互联系。为进一步澄清其关系，我们还是来思考一下思维的起源、过程和结果吧。

大家可能都认同我们意识的原生状态以及发展中的意识的当前状态永远都是纯粹经验的状态。沉思性的思维活动继而产生于此。如事实的确如此，为什么此活动会产生呢？意识，正如先前所说，基本上是一个单一系统；其本质是发展并完成自己。在其发展过程中，各种冲突和对抗在系统中接踵而至，沉思性的思维就是从中诞生的。但是从一个不同的角度看，冲突和对抗的集合体是一次更大的系统发展的开端；它是一个更大系统的不完善状态。例如，在行为和知识中，当我们的经验变得复杂，各种各样的联系开始扰乱我们意识的自然过程时，我们便陷入沉思。在冲突和对抗背后隐含着一个无限的统一体。在决策或者冲突的解决办法中，一个大系统的奠基工作就这样完成了。

我们从不安心于源于决策或冲突解决之道的统一体的内在状态：决策总是伴随着行动。类似地，即使是思想也必定包含某种现实意义并必然付诸行动。行为与知识必然回归到纯粹经验的统一体中。因此，纯粹经验的事实既是我们思想之始，也是我们思想之终。思维是一个更大的意识系统发展并实现自身的过程。

从意识的大统一体内部来看，思维是整个直觉之海表面的波纹。例如，当我们为一些目标所困扰，统一的意识（我们的目标）一直会作为我们思维背后的直觉事实来发生作用。据此，思维没有与纯粹经验不同的内容或形式。尽管它可能博大精深，思维仅仅是纯粹经验的一种不完善状态。从另一角度看，绝对纯粹的经验并非被动，因其具有组成性、普遍性的方面；纯粹经验包含着思维。

纯粹经验和思维的概念来源于对两个貌似不同，其实是同一的观点和事实。如果从黑格尔对思维力量的强调观点来看，我们假定思维的实质并非抽象而是具体，那样的表达在我看来就是说思维就几乎等同于纯粹经验，纯粹经验就是思维。从具体思维的角度看，一个概念的普遍性并非我们通常说的那样——从一些具体事物中抽离出共性来；而是具体事实间的统一性力量的结果。黑格尔写过近似的话：普遍性是具体事物的灵魂。

因为纯粹经验是一种系统化发展，作为根基发生作用的统一性力量即为概念的普遍性；纯粹经验的发展回应着思维的前进；纯粹经验的事实是普遍性的自我实现过程。即使在感官和意念集合中，一种隐藏的统一性活动也在幕后活跃着。对比之下，正如前述，当思维统一体发生作用时，即为无意识；只有当统一体被抽离、外化时，它才以另一个意识的面貌出现——但是那时统一性活动就已经丧失殆尽了。如果纯粹经验是单纯或者被动的，它将与思维对立。但是如果纯粹经验意味着如其原貌地认识事物，那么简单性或者被动性就并非其特征——真正的直接状态就是组成性和主动性的。

我们平常认为我们通过思维得以了解普遍性，通过经验了解个性。但是没有个性就没有普遍性。真正普遍性是一种在个性自我实现的背后暗藏的力量；普遍性作为促成个性发展的力量存在于个性之内。就像植物的种子。如果普遍性是从一个独立个体中抽离的并与其他特性相对立的话，那么他终究是一个个性，不是真正的普遍性；普遍性不会高居于个性之上而是与其地位平等。举例来说，一个彩色三角从三角性上看，颜色是个特性，但是从颜色上看的话，三角性就是一个特性。如果普遍性像这样抽象、无力的话，它们就不会构成推理或综合的基础了。作为统一体根基的真正普遍性存在于思维活动中，因此必然是一种以个体现实为内容的暗藏性力量。普遍性与个性只在模糊与清晰上彼此区别；个性取决于普遍性。

当我们这样去思考共性与个性的关系时，思维与经验间的逻辑差异也呈现出来。我们当下的个体经验确实在发展的过程中；它拥有一种可以被更加精确定义的隐含的力量。例如，在感官中可能会有进一步分化发展的空间，从这一角度，我们认定其为普遍性。相反地，如果我们只在发展中的普遍性上的一点来考察它的话，我们就会视其为个性。通常，我们当作个性的事物仅属于那些被时间和空间所定义的事物，但是这只是外在的定义。真正的个性必须名副其实——它必须是独具特色的。在真正的个性中，普遍性已然发展到它的极限。我们平常所指的感官或者感知是一种内容空乏的普遍性。与我们所想的相反，一个画家那充满深邃寓意的直觉才是真正的个性。

在所有相似性中，一个物质化的偏见隐含在这样的观点之内：个体仅仅是一个被时间、空间所限定的物质实体。从纯粹经验的观点看，我们应该通过经验的内容来比较它们。即使像时间和空间这样的事物，不过是按照经验的内容来统一经验的形式而已。一个感觉印象的力度和清晰度以及它与感情和意愿的关系很可能是我们视感官印象为个性的根本原因。即使这样，像思想这样的现象也不是与感情和意愿完全绝缘的。有力地触动我们感情和意愿的通常被视为特别地“个性”，因为相比于知识，感情和意愿是我们的目标而且更接近于意识发展的结果。

综上，思维与经验是同一的。尽管我们能够看到一个相对差异，但二者间并没有绝对不同。我并不是说思维仅仅是个性的、主观的。如前所述，纯粹经验可以超越独立个人。尽管听起来有些怪异，经验了解时间、空间以及个人，所以它能够超越他们。并不是因为有了个人才有经验，而是因为有了经验才有了个人。个人的经验仅仅是真实经验中的一个小而独特的有限经验的领域。

第三节　意　志

从纯粹经验的观点看，现在我将讨论意志的特征并澄清领悟与意志间的关系。意志经常以行动作为目标并常常伴随行动，但是意志是一种有别于外在行为的精神现象，行动也并非意志的必要条件。甚至当外部世界的情况是行动并不发生，意志也仍然进行。正如心理学家所说，我们可以简单地通过重拾过往的回忆来运动意志；如果我们将注意指向回忆，运动自然就会发生。从纯粹经验的观点看，运动自身就是对集中的运动的感知的持续。进一步讲，当我们直面意志时，意志的目标实际就是存在于意识中的事实这个真相就会显露无遗；我们总是用意志控制（意控）自我的状态，而且在意志中没有内外之别。

我们倾向于将意志看作某种特殊力量，但是事实上它无非是一个精神图像转入另一精神图像的经历。意控某物就是将注意转向它。这一点在所谓的“非自主”行为中我们看得更清楚。在前文所述的感知链条中，例如，注意的转移和意志的前进二者精确地互动。这并不意味着注意只限于意志——其范围可能更广——而是说意志通常以注意的某种状态存在于表象运动的系统中。为了区别，当注意系统占据了意识，意志就会出现，我们也成为意志的一员。

我们可能认为简单地对一个表象加以注意，不同于将表象视为意志目标，但是差别在于表象所归属的系统。所有意识都是系统化的，没有哪个表象单独出现——表象必然属于某个系统。所属系统不同，两个完全同一的表象可能一个成为知识的对象，一个成为意志目标。比如，思考一杯水，当杯子单纯地同外部世界的情况联系起来时，它就成为知识的对象，但是当它同某人自身的运动相联系时，它就变成了意志目标。歌德的观点“天堂中不可触及的星星很美”是与“不能进入某人自己表象运动系统的不能成为意志目标”的想法相关的。

事实是我们全部的欲望都产生于过往的经验。欲望的特征是强烈的感情和紧张的感觉。不考虑前者，运动表象系统是根植于对人类来说最为强烈的生命本能；后者则是伴随着运动的肌肉感知。我们不能说思考一个运动就是去意控它，因为在思考时，运动表象尚未占据整个意识。只有当它们和思考合成为一时，意志才会即刻以决定性的方式发生作用。

那么运动表象系统与领悟表象系统间的区别是什么？在意识发展的开端并没有这样的区分。最初，有机体做出各种运动以保有生命。因为意识按照这样本能的运动而进化，所以原生状态是冲动的而非感知性的。但是因为我们可以将各种意念整合起来使得经验日渐积累，两种系统便成为可能：一个以感知核心为基础，另一个则是以运动核心为基础。然而，无论两个系统悬殊有多大，二者在类属上并非截然不同。纯粹领悟在某些方面具有实际意义，纯粹意志则基于某种知识。这两方面在具体的精神现象中与生俱来。领悟与意志就是通过划分不同侧面来指向一个现象的两种方法。从精神现象的这个观点看，感知是一种冲动意志，意志则是一种回溯。此外，甚至是涉及记忆表象的纯粹领悟也不一定缺乏实际意义。而且意志，尽管被看作偶然发生，事实上也是基于某种刺激。人们可能会说意志通常从内部向特定目标进发，但是即使是感知也可以预先设定自己定目标然后将感官指向该目标。思维是完全自主的，而冲动的意志则是彻头彻尾地被动。

据此，运动表象和知识表象在类属上并非完全不同，意志和领悟之间的差异也只是相对的。然而，无论多么细微，愉悦和痛苦的感觉，紧张感这些属于意志典型特征的东西终究会伴随着领悟活动。从一个主观角度看，知识也可以被视为一种内部潜在力量的发展。如上文所述，我们可以将意志与知识看作一个隐秘的实在的系统化发展。

当分别审视主体、客体时我们做出一个区分：在知识中，我们将主体从属于客体。为了详细探讨，我们必须澄清主客体及其关系的本质，但是知识和意志却有一个共同点。在知识活动中，我们首先持有一个假设然后从事实出发考察它。无论我们对研究实证性有多强，我们必须先假设。当一个假设与所谓的客体完全吻合，我们信其为真；我们觉得我们能够得到真相。在意念运动的情况下，拥有欲望不会直接导致符合意志的决策行为；只有当我们从客观事实出发，考虑该欲望并且把握住合适时机的时候，我们才开始行动。那时起，我们就不能说在一个知识行为中，我们完全将主体从属于客体，但是在一个意愿行为中，我们却使客体从属于主体。欲望只有通过与客体相符才能被实现。意志从客体中越是退隐出去，就越变得无力；它越是靠近客体，就越有效力。

当我们尝试将一个脱离现实的崇高目标付诸行动时，我们必须据此思考不同途径并一步步进行。以这种方法来考虑途径就是寻求与客体的和谐一致。如果从长远来看，我们不能发现合适的途径，我们别无选择只能改变目标。另一方面，当目标接近于既定现实，就像日常生活中的习惯性行为一样，欲望即刻变为行为表现。这样的情况下，我们不就在主体上下功夫，而是选择客体。

正如我们不是完全将客体从属于意愿主体，我们也不完全将主体从属于知识客体。当我们的想法构成一个客观事实时——众所周知，我们的想法遵循现实的定律而且客观现实按照自己的意愿行事——那时，我们还不能实现我们的理想吗？思维也是一种统觉活动；它是一种基于求知的内在意志。我们能够达到一个思维目标难道不就是一种意志的实现吗？意愿与知识的差异在于，在意愿中，我们调整客观事实以符合理想，而在知识中我们调整理想以符合客观事实；一个是产生，另一个是发现。但真相不是我们能够产生的——它与我们应该想的相一致。

我们现在必须追问是否真相曾经完全脱离主体地存在过？从纯粹经验的角度看，根本没有客体可以脱离主体这回事。统一我们的经验事实以及客观事实的是最高效、最整合的表象系统，这才是真相。了解真相并符合真相就是统一我们的经验；就是从一个次要统一体向更大统一体的过渡。如果我们认定我们的真正自我即为该统一性活动，那么去了解真相就是去符合这个更大的自我，去实现这个更大的自我。（正如黑格尔所说，一切求知的目标都是为了让精神去了解宇宙万物中的自我。）随着知识的加深，自我的活动更加深广，因为之前并非自我的东西（知识）现在进入了自我的系统。

因为我们的思考通常集中于个人需求，我们感到我们自己在领悟中是被动的，但是如果我们在所谓的理性需求中重置意识的中心，那么我们在领悟中就会变得积极。如斯宾诺莎所说，知识就是力量。我们相信我们可以通过回忆以往的运动表象来自由移动身体。但我们的躯体是由物质构成，所以与其他物质躯体并无二致。通过视觉来了解外部事物的变化就像通过肌肉感官来感知躯体的运动一样。因此，“外部世界”既指我们的躯体也指其他物质事物。但是为什么我们会认为我们只能自由移动自己的身体而非外物呢？我们通常认为的运动表象既是我们的精神图像也是外部世界中的运动的起因。从纯粹经验的立场看，然而，如果说我们通过运动表象来运动躯体的话，那么就等于承认一个运动感知是伴随某一特定的预先运动表象的。这与外部世界中预想的变化的实现过程相同。在原生意识状态下，自我躯体的运动与外物的运动也许是完全相同的，只有当经验进化时才渐渐被区分开来。在特定情况下所发生的被视为一种外部世界的变化并且立即便附和预先表象的被看作是自我的运动。但是这个区别并非绝对，因为略为复杂的运动并不直接附和预先表象。在这一方面，意志活动明显地接近于知识活动。

综述，如果我们认定外部世界的一个变化确乎是我们意识世界中的变化——就是说作为一个纯粹经验中的变化，并且我们认为条件的存在和缺失只是程度上的差异的话，那么知识的实现与意志的实现就会具有同样的特征。有些人会认为一个预先表象不是简单地先于一个意控的运动而是直接作为运动的起因发生作用，而我们领悟中的预先表象并不构成外部世界变化的原因。但是根本上因果关系就是意识现象的一种不变持续。如果考虑到我们将要假定的观点：外部世界的存在完全独立于意识的话，那么一个选择的意识的预先表象就不能被认为是外部世界运动的原因，因为全部我们能够定论的只是两个现象彼此平行。从这个观点看，选择的预先表象与运动之间的关系等同于知识的预先表象和外部世界间的关系。在事实中，一个选择的预先表象和躯体的运动除了在特定情况下，并不彼此相伴。

我们通常声称“意志自由”。但是这所谓的自由是什么？我们的欲望实质上是我们被赋予的东西——我们不能自由创造它。只有当我们依照一定深刻的、被赋予的动机时，我们才能感到主动、自由。相反，当我们与此动机发生对立时，我们感到勉强。这是自由的真正含义。自由，从这个意义上讲，与意识的系统化发展同义。在知识中，我们也同样自由。我们感觉我们可以自由地渴望一切，但那只是意味着我们可能渴望。实际的欲望是在特定时间被赋予的。当一个动机发展着，我们很可能预测下一个动机，但是相反，我们不能预先知道自我会在下一刻渴望些什么。与其说是我创造欲望，不如说实现动机的不是别人，正是我。人们通常说一个欲望之外的超我自由地决定动机，但是当然并没有这样的神秘力量；并且如果这样一个超我所做的决定真的存在的话，他们将是巧合，但绝非自由。

正如我们解释的，意愿与知识间并没有绝对的区别。任何设想的区别不过是一个无中生有的人为判断。作为纯粹经验的事实，意愿与知识是无法区分的。它们一起构成一个普遍实在用来系统化地实现自己的过程。他们统一的结局是事实，同时此结局也是惯例。在感知链条中，知识和意愿始终是不分的——领悟正是行动。伴随着意识的发展，由于各种系统间的冲突——朝着更大统一体的前进——我们可以区分想法和事实；主观和客观世界相分离；这样的想法出现：意愿是一种主观到客观的运动，而知识是一种从客观到主观的运动。当我们分清主体和客体以及失去了纯粹经验的统一状态时，意愿和领悟之间的此种区别便出现了。

意志中的欲望和领悟中的想法都是理想与现实分离的不统一状态。即使一个想法也是一种对客观事实的要求，所谓的真相则是一个符合事实并应当实现的想法。从这个角度看，真相和满足事实并能够被实现的欲望同义。这种区别仅仅是前者是普遍的，而后者是特殊的。意志的实现或真相的结局因此意味着个体已经从一个不统一状态达到纯粹经验的状态。

此种实现意志的方法很清楚，但是如用该方法去达到真相就要一些解释了。关于真相有各种争论，但我认为真相是最接近于大多数经验事实的东西。真相有时被当成是普遍的，如果意思是抽象共性的话，那么它所指的事物就远非真相。真相的结局是整合各种经验侧面的最具体、直接的事实。这些事实是真相的基础，真相则是从它们中间抽取的东西。尽管真相存在于统一体中，这个统一体也不是一个抽象概念的统一体。真正的统一体存在于直接的事实。完美的真相从属于独立个体并且是实际的。完美的真相因此不能用言语表达，并且像科学真相这样的东西不能被看作完美真相。

真相的标准并非外在的，而是存在于我们纯粹经验的状态中。了解真相就是要吻合这个状态。甚至像在数学这样的抽象原则中，根本性的原则存在于我们的直觉中，存在于直接经验中。经验，有多种不同的划分；当我们将关系意识作为经验涵盖进来时，甚至是这样的事物，如数学直觉都能构成一种经验。如果各种直接经验以这样的方式存在，那么我们会好奇：我们如何能判定其真伪。当两个经验为第三个所包含时，我们可以依据第三个来判断前两个。

在直接经验的状态中——主客相融，我们也就不能怀疑任何一条普遍性的实在性，即使我们努力这样做——我们相信真相。意志活动是此种直接经验的一种表达；是对意识统一体的建立。对欲望的表达，就像对表象的表达一样，完全是直接经验的事实。在几种欲望挣扎之后达成的决策，正像在种种思忖之后做出的判断一样，是对一种内在统一的建立。正如科学事件的发生被实验所证明一样，当意志被外部世界所实现时，变得明显的正是已经被主客之别分解的最统一、最直接的经验。有人可能说，意识之内的统一体是自由的，而为了实现同外部世界的统一，我们必须顺从自然——无非是内部世界的统一体不自由，因为全部统一体已经赋予了我们。从纯粹经验观点看，就连内部外部的区别都是相对的。

意志的活动不仅仅是一种希望的状态。希望是一种意识的不统一状态，一种意志满足受阻的情形。意识统一体是一种意志活动的状态。无论现实与自我的真实欲望多么对立，当意志被那个现实所满足时，该现实即为意志的实现。反之，无论情况多么完善，当除了意志以外还存在各种希望或者当现实处于不统一状态时，意志就会受阻。意志活动以及对此活动的否定都与单纯性与非单纯性、统一性与非统一性相联系。

例如，我这里有一支笔。在看到它的瞬间，既没有知识也没有意愿——只有一个单纯的事实。当与之相关的各种联系出现时，意识中心便转移了，但当最初的意识被对象化时，它就正好变为思维的。对比之下，让我们想象会有这样相关联的想法出现：这支笔是用于写信的。当这个相关想法作为一个边缘成分，仍和最初的意识相联系时，它就是知识，但是当意识开始自立门户——也就是意识的中心开始向它转移时——它就变成一种欲望状态。据此，当联想意识变成越发独立的实在时，就成为意志，此外，它也是个体真正所了解的。

我把任何在现实中发展的意识系统的状态都看作意志活动。即使在思维中，对一个问题的注意力集中过程以及寻求答案都是意志的一种形式。相比之下，考虑一下喝茶或米酒的行为：如果真有喝的实在的话，那么这便是一个意志的实例；但是如果一种极力去品尝味道的意识出现了并成为意志中心的话，我们便获得了知识。在该例中，品尝味道的意识便是意志。不同于普通的领悟，意志是一个更加根本的意识系统；它是统一体的核心。知识和意愿的差别不在于意识的内容——而是取决于它们在那个系统中的位置。

乍一看来，理智和欲望看起来互相对立，但我认为在实际中二者具有同样的特点，只是在数量和深度上有所差异而已。我们称作理智要求的正是对更大统一体的要求；它们是超越单独个人的意识的普遍系统的要求，并且它们可以被看作是一个更大的、超个体的意志的显现。意识的领域永远都不局限于独立个人，因为个体无非是一个意识之内的小系统。我们通常把以躯体存在为核心的小系统当作中心，但是如果我们把大的意识系统作为中心，那么这个大系统就是自我并且它的发展就是那个自我的意志实现。这是我们在宗教人士、学者和艺术家身上发现的。

理智的定律说“一定是这样”；意志的倾向却说“我想让它成为这样”，二者看似截然不同，但是如果我们仔细推敲就会发现它们具有同样的根基。意志的统一性活动作为全部理智和定律的基础发生作用。像席勒和其他人所主张的，即使公理最初也是源于现实需要；在它们的起源模式中，公理并不区别于我们的希望。尽管我们意志的倾向性看起来不合乎定律，它也是受制于必要的定律的，并且它是一个个体意识的统一体。理智和意志是意识系统发展的定律，二者只在有效范围上有所区别。

一些人在意志和理智间划出区分，因为意志是盲目的。但我们不能解释一个直接的事实；我们不能解释作为理智基础的直觉原则。解释就是要能够在一个单一系统中包含其他事物。统一体最核心的部分不能被解释；因此，它是盲目的。

第四节 智识的直觉

智识的直觉是一种对理想的直觉，通常是超验的事物。它凭直觉感知我们通过逻辑辩证得知的东西。这样的实例存在于艺术家以及宗教人士的直觉中。在直察的过程方面，智识直觉等同于普通的感知，但是在内容方面，智识直觉远远丰富而深刻于前者。

一些人视智识直觉为一种神秘的能力。其他人将其看作从实证性事实中砍掉的碎料一般的无用装饰。我相信，然而，它和普通感知一样并且二者不能被清晰划开。普通感知决非纯粹的单一，因为它包含理想成分并且是合成的。尽管我此刻在注视某物，我们并没有看到它此刻的样子；通过以往经验的力量，我以一种说明性的方式来思考它。

感知中的理想成分并非来自外部的想法——他们是搭建起感知的成分，感知也被它们所转变。感知中暗藏的理想成分能够变得极其丰富而深刻，它们因各人的实证性发展的才能或程度的不同而不同。随着经验的提升，最初不能被体验的事物和只能逐步被了解的事物将会依照逻辑以直觉事实的面目出现。一个人不能以自己现在的经验为尺度确定直觉的范围。尽管的确有些事物现在我不能以直觉感知，但这并不意味没有人可以做到。据说，莫扎特作曲时，包括他最长的乐章，他能一下子就识别出整体，像识别一幅图画或一座雕像一样。理想成分不是简单地数量化增加，而是在实质性地深化。此深化的结局在一个宗教信徒所拥有的直觉中被发现，该人通过人类之爱能够凭直觉感知自我及他人的同一性。一个人的超乎寻常的直觉是否仅仅是无用的装饰或者是一个客观真实的直觉取决于他同其他事物的关系和影响。在直接经验方面，一个无用装饰和一个真实直觉有着同样的实质；在二者统一体的范围上只存在量的差别。

一些人认为智识直觉不同于普通感知是基于前者超越空间、时间、单独个人并直接刺透现实的真实本质。但从严格意义上的纯粹经验角度看，经验并非受制于这样的形式，诸如时间、空间以及独立个人；相反，这些区分来自一种超越它们的直觉。进一步看，在直接审视现实——也就是个体直面现实的方面，在直接经验的任何状态中都不存在主体和客体的差别。这不只限于一个独立的智识直觉；谢林的"认同"就是一种直接经验的状态。主客体间的差别是一个当个体丧失经验统一体时而产生的相对的形式，如将主客体看作彼此相互独立就是一种主观臆断。

叔本华脱离了意志的纯粹直觉不是天才的一种特殊能力，而是我们最自然、统一状态下的意识。一个无知的婴孩的直觉就属于此类。智识直觉就是用来深化并扩展我们纯粹经验状态；它是意识系统化发展中的大统一体的显现。当学者有了一个新的想法，德行之人挖掘出一种新的动机，艺术家突发一个新的理想，宗教人士获得一次新的觉醒时，这样的统一体就会自我显现。（这些成就都根植于神秘直觉）如果我们的意识仅仅是感官上的，它就最多就是一种普通的感知直觉，而无法超越智识直觉。但是理想化的精神却会寻觅一种以智识直觉为形式的无限统一体。

正如普通直觉只被当作被动一样，智识直觉也被看作一种被动思考点状态；然而，真正的智识直觉却是纯粹经验中的统一性活动。它是对生命的把握，就像掌握了艺术的诀窍或者更深刻些，领悟到了美术精神一样。例如，当灵感涌现于画匠脑中，画笔灵动地飞舞，一个统一性的现实就在这个复杂活动的背后活动着。它的过渡并非无意识的，因为它们是对一个事物的发展和完成。

智识直觉，对此单一实在的识别不仅在于精美艺术中，也在我们全部纯熟的行为中；它是一种极其平常的现象。主流心理学家可能认为它只是一个习惯或是一项有机活动，但是从纯粹经验的角度看，它确乎是主客同一性的状态，领悟与意愿的融合。在物我两忘的状态中，外物不会触动自我，自我也不会触动外物。只有一个世界，一幅画面。智识直觉听起来像是主观活动，但实际上它是一种超越主客的状态。事实上，主客间的对立就是通过这一统一体而形成的，像艺术灵感一类的事物也追随于他。

智识直觉并非一种脱离事实的对抽象普遍性的直觉。尽管一幅画的精神有别于上面每一个描绘出来的单独事物，它并不脱离他们而存在。真正的普遍性和特殊性并不彼此对立。我们可以借助对特殊性的限定来表达真正的普遍性。艺术家每一个精细的笔触都表达了整体的真实寓意。

智识直觉因此暗含于思维中。思维是一种系统，在其最佳状态必定有一个统一体的直觉。如詹姆士在《思想的溪流》一书中所说意识就如“桌上的一副扑克牌”，当我们对主语有意识时，谓语就会被暗示；当我们对谓语有意识时，主语就会被暗示。那个意识的根基处，一个单一直觉实质上是等同于掌握艺术的技巧。广义地讲，一个巨大的直觉在柏拉图和斯宾诺莎的这些深邃哲学思想的背后发挥作用。思想中，一个天才的直觉与平常思维的差异不在于性质而在于程度，而且它仅仅是一个新的、深刻的统一体直觉。

直觉存在于所有关系的根基处，关系由它而建立。无论我们将思想延伸得多么遥远、广大，我们都不能超越基本的直觉，因为思想建立于直觉之上。思想不能被解释穷尽，因为在其根基处存在一个无法解释的直觉感知，而且一切证据都建立在它基础之上。某个神秘实在总是掩藏在思想的深处，对于几何公理来说也是如此。人们常说，思想可以被解读，但是直觉不能。“解读”一词刚好暗示出我们回归根本直觉的能力。

在思维的根基中有智识直觉，意识的根基中也不例外。我们视某物为意志就是对主客合一的状态进行直观，意识就是通过该直观完成的。所谓意识的进行即为此直觉统一体的发展和完成，直觉统一体始终在其根基中活动着，而其完成就是意志的实现。我们之所以觉得自我通过意志进行活动就是因为有此直觉。我们所说的自我并非其他而是说真正的自我即指这个统一的直觉。前人曾言“但为不行”，如果从这个直觉的角度看，便是动中有静，为而不行了。此外，在这种超越知识与意愿并成为二者根本的直觉中，也能够找到知识与意愿的合一。

真正的宗教觉悟并非以思维作基础的抽象知识，也不单纯是盲目的感情，而是自我领悟到存在于知识与意愿的根基中深刻地统一。此即为智识直觉，也就是对于生命的深刻把握。因此如何逻辑的锋芒都不能挑战它，任何欲望都不能撼动它，它是一切真相和完满的根本。它虽然形态各异，但我认为在一切宗教的根基中必然有此种直觉。在学问、道德的根基中则必然有宗教的身影。学问道德就是借助这根本的直觉才得以成立。

第二章　实　在

第一节　研究的出发点

世界如此，人生也如此，此种哲学上的世界观、人生观与人们必须隐忍现实的道德宗教的道义与要求是密切相关的。人们互不相容、互不信赖，导致求知愿望无法在客观实践中得到满足。譬如，持有崇高精神要求的信徒不满于唯物主义，而唯物主义的信仰者则无时无刻不对那崇高的精神持有怀疑。原本真理只有唯一一个。知识上的真理必然就是实践上的真理。慎思者与诚挚者必然要求知识与情感的一致。我们在探讨应该做什么以及应安心于何的问题之前必须先要阐明宇宙人生的真相以及什么是真正的实在。

哲学与宗教结合最完美的即为印度哲学（与宗教）。在印度哲学与宗教中，有“知为善，盲为恶”的说法。宇宙的本体即为婆罗摩，即为“我之本心”，也就是“我”。认识这个“我”即为宗教和哲学的深邃寓意。基督教原本是全然讲究实践的，但是人们对知识的渴望难以抑制，终于，促成了中世纪基督教哲学的发展。在中国道德之中，哲学方面发展较滞后，进入宋代以后，思想界有了一定的发展。以上事实都说明人类的内心深处都有着渴望知识与情感相统一的追求。就欧洲思想的发展来看，古典哲学从苏格拉底、柏拉图开始主要是以规诫为目的。近代以来，随着知识方面日渐取得显著进步，知识与情感的统一越发困难，出现二者相脱节的现象。但是，这明显不符合人心本来的要求。

如果我们想现在了解真正实在并认识宇宙人生的真谛，就必须持有这般态度：竭尽所能地去怀疑，抛开一切人为的假定，以无可置疑的直接知识为根本武器。我们常常认为事物脱离意识而独立存在，在意识的背后暗藏着“心”的作用。此种想法再次成为人们行为的基准。但是物我两立的说法只是按照我们思维的要求而假定的，经不起一丝怀疑的打击。此外，科学之类的东西也是奠基于某种假定的知识基础之上的，却并非是给实在以最深刻的说明为目的。以此为目的的哲学之中也有很多东西未加甄别，而是不经怀疑，直接以假定为基础的。

所谓物我的独立存在看似是直觉的事实。但略加推敲就会立刻发现其漏洞百出。例如，就此刻面前的桌子来说，它是什么？它的颜色和形状不过是我们眼睛的感觉，触碰它感到硬的是手的感觉。我们所直觉到的，即使是物体的形状、大小、位置、运动等都不是事物自身的客观状态。想脱离我们的意识来直觉周遭事物，终究是痴人说梦的。就我们的内心自身来看，也是同理的。我们所知道的是知识和情感的作用，而非内心本身。我们感觉到似乎有个同一的自我在始终活动着，但从心理学角度看，这也无非是同一的感觉与感情的接续；作为我们直觉到的事实的外物与本心也只是类似的现象恒久的结合而已。促使我们坚信物我本身都存在的仅仅是那个因果定律。但是首先我们要探明的问题却是究竟我们能否也根据因果定律来臆断意识以外的存在之物?

那么所谓无可置疑的直接知识又是什么呢?恐怕只是关于我们的直觉经验的事实,即关于意识现象的知识。当下的意识现象与直接对它进行意识感知是同一的,在它们之间就连主观客观也无法分开。事实与认识间没有丝毫间隙,是不容置疑的。当然,即使是意识现象,在判断或回忆它发生的场景时也会发生偏差。但此时依然不是直觉,而是推理。后者与前者的意义是不同的意识现象,所谓直觉并非视后者为前者的判断,而只是去认识事物之原貌。所谓错误或无误没什么意义。我们必然要以这样的直觉经验为基础,在此基础上积累起我们的全部知识。

当哲学告别此前的假定,奔向新的牢固的基础时总会回归此种直接知识。近代哲学初露端倪时,培根视经验为一切知识的根本,笛卡尔则把“我思故我在”的命题视为命脉,并且把与此同样明白无误的东西看作真理都是出于这个原因。但是培根所说的经验并非纯粹经验,而是带有臆测我们能够根据它来直觉到意识之外的事实的一种武断的经验。笛卡尔所说“我思故我在”已然不是直接经验的事实了,而是在对“我在”这一问题进行推理。此外,认为晓然的思维能够认识事物本体的看法也属独断。因此,康德之后的哲学没有把它作为放之四海而皆准的真理立刻全盘接受。这里我所说的直接知识是抛开一切类似独断,仅仅把它看作直觉的事实来承认(当然,如果像以黑格尔为首的许多哲学家说到那样,笛卡尔的“我思故我在”的说法并非推理,仅仅是表达出了实在与直觉合一的直觉准确性,那么就同我们的初衷不谋而合了)。否认意识上的事实直觉的就是以直接经验的事实为一切知识的出发点的观点,相反,有人认为思维才是最精准的标准。这些人把事物区分为真相和假象，认为我们直接经验的事实是假象，只有依靠思维才能辨明真相。当然，在此类主张中，如常识或科学中所说的也并非完全排除直觉经验，而是以某种经验事实为真，以其他经验事实为假。比如，日月星辰看似很微小，其实是硕大无比的；天体看似出于运动中，其实是我们所处的地球在动，这就是真伪之别。但是，此种想法还是因为我们用在某种条件下发生的经验事实来推测其他条件下发生的经验事实而引发的。他们在各个特定条件下都是不可动摇的事实。那么既然是同一直觉事实，又为什么会有真伪之分呢？此种想法的产生总之是因为触觉相比其他感觉更具有一般性并且实际上是最重要的感觉，所以，我们把从这个感觉得到的看作是客观真相。因此，我们略加思考就会看出其前后龃龉之处。而某一派哲学家则与此不同，他们把经验事实完全当作假象，主张只有依靠思维才能认识事物本质。但是，设想我们所不能经验的超经验确实存在的话，我们又如何通过思维来认识它呢？我们的思维终究是一种发生在意识上的意识现象，这是无可否认的。如果认为我们的经验事实不能认识事物本质的话，那么与其共有同一现象的思维应该也不能认识事物本质了。有人把思维的普遍性和必然性当作认识真正实在的准绳，但是归根结底，这些意识也仅仅是我们自身意识所直觉到的一种感情，仍然是意识上的事实。

认为我们的感觉知识都是错误的，只有通过思维才能认识事物真相的观点是从埃利亚学派萌发的，进入柏拉图时代则达到顶峰。近代哲学中，笛卡尔学派的追随者都笃信：只有通过明晰的思维才能认识实在真相。

有人认为思维与直觉的作用完全不同。但是作为意识事实时，它们却作用相同。有人认为所谓直觉或经验是让个别事物与其他事物毫无联系地、依其原样地进行知觉的一种纯粹被动的作用。但是作为实际上的意识作用是完全没有被动性作用的。直觉即为直接的判断。我先前所谈及的作为知识出发点的直觉就是这种含义。

上述直觉并非仅仅指感觉这种作用。在思维的根基中也常常有某种统一性的东西。这是可以直觉到的。而判断则是产生于这个分析。

第二节　意识现象为唯一实在

从毋庸置疑的直接知识来看，所谓实在只是我们的意识现象，也就是直接经验的事实。另外，所谓实在不过是从思维的特性中产生的假定。仍未脱离意识现象范围的思维作用当然没有对经验之上的事实进行直觉的神秘力量；这些假定无非是思维为了系统地组织直接经验的事实而生成的抽象概念。

抛开一切武断，从最确凿的直接知识出发的此种极具批判性的想法，以及在直接经验的事实以外假定实在的想法根本无法同时成立。即使洛克、康德这样的哲学大家也难以规避此二者间的矛盾。现在，我试图抛弃一切假定思想、缜密地采用前一观点。在哲学史中，我认为贝克莱、费希特都持有该观点。

通常，我们对意识现象就是事物中伴随着动物神经系统的一种现象。但是略加思考就会意识到对我们来说，最直接的原始事实乃是意识现象而非物体现象。我们对肢体也只是意识现象的一部分。不是意识存在于身体之中，相反，是身体存在于意识之中。我们所说的意识现象伴随着神经中枢的刺激仅是指一种意识现象必然伴随另一种发生而言。如果我们可以直接感知自己脑中的现象，那么所谓的意识现象与脑中刺激的关系就会与耳朵感知的声音同眼或手感到的震颤不谋而合。

我们往往觉得貌似有意识现象和物质现象两种经验事实，但实际上只是一种——意识现象。所谓物质现象，不过是在意识现象中把大家所共有的以及具有恒定关系的东西加以抽离。

通常还有人认为，意识之外还存在着具备某种特质的物的本体独立存在，而意识现象仅仅是在此基础上发生的现象。但是，所谓独立于意识之外的恒定之物是什么呢？严格地说，脱开意识现象是无法想象物之本质的。而只是说那是在某种特定条件下产生的特定现象的一种无法获知的东西。也就是说，它是按我们思维要求所想象出来的。那么思维为何要假定此种物的存在呢？只是因为类似的意识现象经常结合发生，我们所说的物的东西其真正意义即在于此。从纯粹经验来看，意识现象的恒久结合是不争且不变的事实。所谓物的存在仅仅是为了说明而设立的假定。

唯物主义者认为物的存在似乎是不证自明、不容置疑的事实并且要以它来说明精神现象。略加推敲就会发现他们本末倒置了。

因此，如果对纯粹经验加以严密思考的话，就可以知道在我们的意识现象之外不存在独立自在的事实。正像贝克莱指出，“存在即为感知”，确乎如此。我们对世界由意志现象所构成。各种哲学或科学不过是一种对此的说明。

笔者在此所谈的意识现象可能会引起误解。说到意识现象往往就被理解为与外物相脱离的唯一存在的精神。而我的本意是说所谓真正实在是不能称之为意识现象的。贝克莱所说的“存在即为感知”也与我的本意不符。直接的实在活动并非被动，而是独立自在的活动。据此，也可以说“存在即为活动”。

以上观点可以说深思熟虑之后我们必然得出的结论。但是乍一看，不但与我们的常识相龃龉，而且如果想用它来说明宇宙现象，将会遇到种种难题。不过这些问题与其说大多由恪守纯粹经验之立场而造成，不如说是对纯粹经验主观臆断的结果。

作为此难题之一，如果只将意识现象作为实在，那么不就沦为“万物皆我意念之物”的唯我论了吗？即便不是那样，也会遇到这样一个问题：如果每人各自的意识都是彼此独立的实在，又该如何说明其相互关系呢？但是认为意识必然属于某个人的这种说法只是意味着意识必有其统一体。如果认为在此之上定有其他持有者的话，则显然太武断了。然而该统一作用，即所谓统觉，无非是指类似的观念、情感作为中枢来统一意识；从纯粹经验角度看，作为这个意识统一范围的东西是无法在他我之间截然划分的。如果就个人意识来说，昨天的意识与今天的各自独立，但是它们由于归属同一系统而据此被视为一个意识，那么在自己与他人的意识间也会发现同样的关系。

我们全部思想感情都是普遍性的。无论历经千年或者相隔万里思想感情都是共通的。譬如数学原理，任何人无论在何时、何地去思考它结论都是一样的。因此，伟人们能够感化并团结众生并以同一的精神来主宰他们。这时，这些人的精神就可以视为同一了。

其次，我们把意识现象动作唯一实在时难以解释的问题是：既然认定我们的意识现象是流动变化的事物组成的链条，那么这些现象又是来自何方、去向何处呢？这个问题归根结底还是由所谓的“事出有因”的因果定律制约而产生的，所以在思考这个问题前，我们就要先来探讨因果定律的制约作用。通常认为，因果定律就是要求现象背后必然存在特定的事物，然而这是一种谬误。正确的观点，正像休谟所说，只是说某种现象的发生必然有比它先行的某一现象，而非要求现象之上物的存在。所谓从一个现象引发另一现象既不是说一个现象曾经包含于另一现象中，也不是说潜藏在外部的事物突然被牵扯出来，而是说在具备充分条件（原因）时，必然会招致一定的现象（结果）。条件尚未完备时，任何地方都不存在必然伴随它的现象（结果）。譬如，击石取火时，在火花产生前，任何地方都没有火的存在。也许有人说，可能是先有产生火的力量存在了吧。但是，如上所述，所谓外力或外物不过是为了说明设定的假设而已，我们直接感知的，只是与火全然不同的某种现象。据此，所谓某现象伴随着某现象是直接赋予我们的根本事实，而因果定律的要求却是据此事实而产生的。可是有人认为该事实与因果定律相矛盾，这又是对因果定律的误解。

所谓因果定律，是以我们意识现象变化为根本而生成的思维习惯。关于此点，单从这一事实来看，也会明白：如果我们依据此因果定律来说明宇宙世界便会立刻陷入自相矛盾的窘境。因果定律要求世界上必须有一个开端。但是如果我们规定某一点为开端，那么因果定律又要询问其起点，从而暴露出自身的不完善性。

最后，我们谈谈对“无不能生有”观点的看法。虽然说在一般意义上，外物是不存在的，但是我们从抛开主客之分的直觉看，无的意识仍是存在的。如果我们不但把“无”看作一个词汇，而且加之以某种具体意义的话，就可以认为它一方面缺乏某种特性，另一方面却具有某种积极的性质（例如心理学认为黑色也是一种感觉）。因此，就物质世界中“由无生有”的观点来说，作为意识的事实，无也不是真正的无，而可以看作意识发展上的某一动因。那么，意识究竟是怎样的呢？可以由无生有吗？意识的存在并非受时间、地点、力量等数量的限定，从而并不受制于那机械的意识因果定律。相反，这些形式却建立在意识统一之上。对意识而言，一切都是本质性的，是潜在的统一体在自我发展着。正如黑格尔所说，意识即为无限。

一种颜色的感觉可以说包含了无限的变化，换言之，我们的意识越趋向精细时，就会察觉到即使在一种颜色中也包含无限的变化。现今人类在感觉上的细别，恐怕也是这样分化而来的。冯特把感觉的性质按照维度的数目排列起来；既然本来就是一个普遍性的东西分化出来的，那么这样的体系自然是存在的。

第三节　实在的真实本质

我们所说的未经思维加工的直接实在到底是什么？也就是说真正的纯粹经验到底是什么呢？在这个时候，既没有主观的对立，也尚无知识与情感的分野，而是只有独立自在的纯粹活动存在着。

理智主义心理学家把感觉和观念当作精神现象的成分，认定一切精神现象都由其构成。如果这样认为，那么所谓纯粹经验的事实就应该说是意识最为消极的状态，亦即感觉。但是此种想法实际上是混淆了作为学术分析成果的东西和直接经验事实此二者。在我们的直接经验事实中并没有纯粹感觉。我们所说的纯粹感觉已然是单一知觉。可是无论知觉多么单一，也都不是完全被动的，而是必然包含着能动性（构成性）的成分（关于此点，参照空间知觉的实例即可领悟）。至于联想和思维这些复杂的知的活动，在这一点上就更加明显。虽然通常说联想是被动性的，但是确定联想中观念整合的方向，并非源于外部情况，而是由于意识的内在性质。联想与思维间只是程度上的差别。将我们的意识现象划分三类：知识、情感、意念，本是出于学术研究之便，实际上并不存在三种现象，而意识现象却囊括了上述种种。但在这三方面中，意识才是最根本的形式。正如意志主义心理学家所指出，我们的意识始终是能动的，以冲动开始，以意志终结。据此，我们的意识现象无论多么单一，总具有意志的形态。也就是说，意志是纯粹经验的事实。

此前心理学的主流是理智主义，近来意志主义后来居上。冯特即为这方面的巨匠。意识无论怎样单纯，必然是构成性的。所谓内容的参照是意识成立的一个必要条件。如果真有所谓单纯意识，那也是无意识。

在纯粹经验的状态，尚没有知识、情感、意念的分离，好像只是同一个活动；同样，也没有主客间的对立。主客的对立是按照思维的要求而产生的，并非直接经验的事实。在直接经验中只有一个独立自在的事实，彻底摒除了观察与被观察的主观性和客观性。正如人们的心灵被美妙的音乐所吸引一样，进入物我两忘的境地后，仿佛天地间只有那嘹亮的乐声，这便是所谓真正实在闪现的瞬间。如果认为乐声是空气的振动，或者感觉自己在听着它，那么这些想法都是由我们对此情此景的擅自脱离，并进行反省和思考而产生的，因而此刻我们已经脱离了真正实在。

通常认为，主客观似乎具有分别独立的能力，通过二者的意识作用便会产生意识现象；从而认为存在精神与物体两种实在。这些看法都是荒谬的。所谓主观、客观，不过是考察一个事物时的不同角度，精神和物质的区别也是源于这两个不同角度，并非事实本身的区别。

事实上的花朵，并非像科学家所说的那样是纯物质性的花，而是兼具色、香、貌，美丽可爱集于一身的花。海涅仰望静夜的星辰，把它们比成天空上的金钉；天文学家视之为痴人呓语，可是星星的真相不排除隐含在海涅的诗句中。

可见，主客未分、独立自在的真正实在是把知识、情感、意念合而为一的东西。真正的实在并非通常所想象的那种冰冷的知识对象，而是从我们的情感与意念中生成的东西。也就是不但存在，而且有意义的东西。因此，如果从现实中剥离我们的情感和意念，那就不是具体的事实了，而只剩抽象的概念。物理学家所说的世界，和没有宽度的线、没有厚度的平面一样并非实际存在。从这一点看，艺术家比之学者更接近于实在的真相。在我们所见所闻的世界中处处都有我们独特的个性烙印。即使说是同一的意识，也并非完全相同。例如，看到同一头牛，农民、动物学家、艺术家的意象很可能是不同的。又如，同一个人看到同一风景，也会因自己心情的差异而时而觉得明媚灿烂，时而感到凄凉阴郁。正像佛教的教诲说的那样：世间或为天堂、或为炼狱，视乎一己之心。也就是说，我们的世界全然是为我们的情感意念所主导并组成的。任何成为纯粹知识对象的客观世界都不外乎此种关系。

科学地看，世界是最为客观的，似乎其中没有一丝一毫的情感意念。但是学问知识，原本也是应我们生存竞争的需求而产生的，决非完全脱离情感意念的要求。科学认定外界存在着种种互相作用的力的此种想法，我们必须将其看作是从自我意志类推得出的。因此太古时代对自然现象的解释都是拟人的，今天的科学说明即滥觞于此。

由于我们将主客之分视为根本性的，进而认为只有在知识中才包含客观因素，而情意完全是个人的主观产物。这种想法，从根本上就是错误的。但是即便说现象是由主客作用而产生的，像色彩、形状等知识内容则是按照它们被认为的样子而成为这个样子。反之，在情意方面，如果说外界具备引发情意的作用，就含有了客观的依据，因而认为情意为个人所独有就是谬误了。我们的情意是息息相通的，亦即包含了超个人的因素。

我们认为有了自我因而有了喜怒哀乐的情意，因此也就产生这样的想法：情意纯属个人。但是并非人创情意，而是情意造人，情意是直接经验的事实。

所谓对自然万象的拟人化说明，是远古时代人类的说明方法，今天仍然是天真孩童们的说明方法。所有科学家恐怕都会嗤之以鼻。诚然，此种方法是幼稚的，但换个角度看，它却是实在真实的说明方法。科学家的说明方法偏重于知识一面，至于实在的完整说明，则要在满足知识要求的同时，不去无视情意的要求。

希腊人认为自然是有生命的自然。他们认为雷电是奥林巴斯山上的宙斯发怒的结果；杜鹃的啼叫是非罗米拉在倾诉亘古的哀怨。这是现实的真意在追求自然的希腊人眼中的本色呈现。现今的美术、宗教以及哲学都在为实现这一目标而努力着。

第四节 真正实在恒有同一的形式

综上所述，主客不分、知情意合一的意识状态才是真正的实在。一想起独立自在的真正实在，它自然就会以此形式出现。此种实在的真貌只能任我们自己参悟，恐怕不能加以省察、分析或是用言语表达的。但是我们的种种知识却是由反思这一实际行为产生的，所以我们不妨来讨论一下此唯一实在的成立形式，以阐明怎样由此产生种种差异的问题。

真正实在如艺术真谛一般，是无法言传的。能够传达的只是抽象的外壳。我们自认为是在用同一语言解读同一事物，但其内容或多或少存在一些不同。

在对独立自在的真正实在的存在形式加以思考，看得出它们都是由同一形式成立的。也就是：首先，整体遮遮掩掩地出现，接着其内容由此分化发展，在其分化发展终结时，实在的整体便实现并完成。简言之，就是一个事物独自进行自己的分化、发展以及完成。此种方式，在我们活动的意识作用上看得最明显。就意志看，先有目的观念，然后为了看情况而实现它，便将适宜的观念系统化地组织起来，此种组织完成时，行为就诞生了；此时，目的已然实现，意志的作用也就告一段落。不但意志作用如此，就连所谓知识所作用的思维想象等也不例外，也都是先有目的观念，由此产生各种观念的结合，在得到正确观念的结合时，该作用便走向终结。

如詹姆士在“意识之流”一文中所指出，一切艺术都具有上述形式。例如，意识中唤起一个语句，当主语闪现其中时，全句也就隐约可见；而当宾语出现时，语句的内容便被发展、实现。

就意识、思维、想象这些发达的意识现象看，上述形式很明显；但在知觉、冲动等现象中，看似不经过上述过程就能立即直接实现其整体。但情况是意识在任何情况下都绝非单纯、被动的，而是主动、复合的。因此，它必然是依据上述形式而成立的。诚如意志主义所说，意志为一切意识的原型，应该说全部意识无论多么单一，也都是通过与意志同一的形式而成立的。

冲动、知觉等跟意志、思维间的差别只是程度上的，而非类别上的。前者是无意识的过程，后者却将自己显露于意识中；据此，我们从后者推测前者的同一构造。我们所谓的知觉，其发展也是作为种种经验的结果而产生的。如听音乐，开始没什么感触，但在音乐渐渐亲切、熟悉起来的时候，就会从中感到明显的知觉。据此，不妨说知觉是一种思维。

其实，由于被动意识和能动意识间的区别而产生的误解也要再探讨一番。在能动意识中，上述形式是明显的；但在被动意识中，因为结合观念的东西是外在的，即观念只是借助外物而得以结合，所以看上去它不是一个由内向外的发展过程。但是我们不能严格讲意识区分为能动和被动，因为它们间毕竟只是程度上的差别。联想、记忆等意识作用也并非受联想律那种外在所支配。个体的内在性质才是其自身的主动力，这仍然可以视为统一的某物的内在发展。只是在所谓的能动意识方面，该统一的某物作为观念而出现在意识中，而被动意识此物却是无意识，或成为一种感情支配的活动。

所谓能动与被动的区别，即认为精神内在的活动受到外界作用，是由于通过思维我们假定精神与物体的独立存在，并认为意识现象是精神和外物相互作用的产物这种想法而来的。所以这并非纯粹经验在事实上的区别。纯粹经验在事实上只有程度上的差别。当我们具有明确的目的观念时便自认为是能动的。

经验学派认为，我们的意识无不是通过外物的作用而发展的。但是，外物无论怎样活跃，如果内部没有与之适应的先在性质，也还是不能产生意识现象的。这与栽培植物同理，无论怎样外在地加以培养，如果种子没有萌发的力量，植物便不会生成。当然，反言之，只有种子，植物也是不会生成的。总之，上述两种说法都只片面地看到一面，而忘记了另一面。真正实在的活动只是唯一的某物的自我发展，所谓内外、主被动的区别则是为了说明这种现象是由思维构成的。

对于一切意识现象都是经由同一形式而成立的观点，我相信不难理解。不过要想更进一步，把我们通常称为外界现象的自然事物也列入同一形式之下，这或许就很难了。但是如上所述，脱离意识的纯粹物体是抽象的概念，真正的实在并不在意识现象之外，可以说直接经验的真正实在总是经由同一形式而成立的。

通常认为固定事物是作为事实而存在的。但实际的事件总是处于发生中。诚如希腊哲学家赫拉克利特所言，“万物流转，无穷无尽”，实在是处于流转中，片刻不居地发生着的事件的链条。

我们所谓外界的客观世界，也不是存在于我们的意识现象之外的，仍然是通过某种同一作用而被统一起来的东西。只是当它带有普遍性时，亦即保持着凌驾于个人意识之上的统一时，在我们看来，便是独立的客观世界。例如，在此看见一盏灯，如果只有自己能够看到它的话，很可能被认为是主观的幻觉。只有每个人都普遍承认它，它才成为客观事实。所谓客观的独立世界就是产生于这种普遍性的。

第五节　真正实在的根本形式

我们所经验的事实似乎千姿百态，但略加思考，便会明白它们都是同一的实在，而且是借助同一形式成立的。我们接下来就探讨一切实在的根本形式。

首先必须承认，在一切实在的背后又统一的某物在活动着。有学者认为真正单纯而独立的要素，如原子论者的原子，就是根本的实在。但这些要素是为了说明而假设的抽象概念，事实上可能并不存在。试想此刻如果有什么所谓的原子，它总会具有某种性质或作用，若完全没有任何性质或作用，那就等于没有该原子。然而，所谓某物在活动，必然是对他物进行活动，而且其中必然存在结合二者并激发其相互作用的第三者。例如，甲的运动影响到了乙，那么甲乙之间必然有“力”的存在；再拿性质来说，一种性质的成立必然是与其他性质相对而成立的。举例说来，假如只有红色一种颜色，它就根本无法显现；令其显现，就必备其他非红的颜色。并且要比较并区别一个性质与其他，此二者在根本上必须是同一的；如果种类完全不同、全然没有共同点的话，是不能互相比较区别的。也就是说，如果说一切物都是由于对立而存在的话，那么在其根基中必然隐含某种统一的东西。

此种统一的东西在物理现象上便成为存在于外界的物力，在精神现象上即归为意识的统一力。但如上所述，由于物体现象或精神现象在纯粹经验上是同一的，所以此两种统一作用本来就归于同一类。在我们思维意志根基中的统一力量同宇宙根基中的统一力量也是同一的，例如我们的逻辑和数学定律即为宇宙现象由此得以成立的原则。

实在的成立，如上所述，需要在其根基中具有所谓的统一，同时所谓相互对立或者矛盾也是必要的。正如赫拉克利特所说，斗争是万物的源泉，实在是通过矛盾而成立的，红与非红相对立，能动之物与被动之物相对而成立。随着矛盾的取消，实在也会消逝。原本矛盾与统一不过是从两个角度看待同一事物的结果：有统一就有矛盾，有矛盾就有统一。白色与黑色在所有点上都相同，唯独一点不同便成为最为对立的。相反，道德和三角形，不是显然对立的，也就没有统一可言。最有力的实在就是最能够把种种矛盾调和统一起来的东西。

我们之所以区分统一和被统一之物，是由于抽象的思维，而在具体实在上，二者是不能分离的。所谓一棵树，是在根、干、枝、叶起着不同作用的部分相统一的基础上存在的，但是树不仅仅是上述部分的集合，如果没有作为树整体的统一力，所有子部分都是无意义的。因此，树是存在于它的所有子部分间的对立统一基础之上的。

如果统一力与被统一的事物相分离，就不成其为实在。例如，一个人堆石头，石头与人是完全不同之物，这时石头的堆砌是人工的，因而不能成为一个独立的实在。

因此，实在的根本形式既是一也是多，在等同之间有差别，在差别之间有等同。这两方面不可或缺，所以归根结底可以说是同一个事物的自我发展。独立自在的真正实在通常具有这种形式，反之，不具有此种形式的都是我们的抽象观念。

实在自成体系。让我们相信一个实在确确实实是实在的就是这个性质。反之，不成体系的事物，如梦魇，就不成其为实在。

综上所述，真正一多兼备的实在，应该是流转不息的。所谓静止状态是不与他物相对立的独存状态，亦即去多存一的状态。但是此种状态的实在是不能成立的。如果说由统一成立了某一状态，那么其他相反的状态在此刻也必然共在，即一个统一形成时，便立即产生破坏它的不统一。真正实在就是依存此种无限的对立而成立的。物理学有能量守恒之说，认为实在似乎是有极限的。这只是为了便于说明而设的假定，与空间有限的说法不谋而合，抽象地顾及一面却忘记了另一面。

生命之物都包含着无限的对立，也就是具有发生无限变化的能力。视精神为活物，是因为它始终存在着无限的对立，永无止境的缘故。如果它固守一个状态而不能转化为对立面的时候，那就成为死物了。

虽说实在是由于与之相对立的事物而存在的，但此对立并非来自他物，而是在自身中产生的。如上所述，在对立的根基上有统一，无限的对立都是从自身的内在性质作为必然结果发展而来。因此真正的实在是从一个事物的内在必然而生发的自由发展。比如，通过扩建的界定而产生若干几何形状，这些形状相互对立并保持着独特的性质。但是他们并非一一分别对立，而是通过空间必然性质结合起来的。也就是说，有如空间性质的无限发展一样，就我们称之为自然现象的东西来看，实际的自然现象也如上述所讲，既非各个独立要素形成的，也不是脱离我们意识现象而存在的。它仍然提供一个统一作用而成立，因而可以看作一个自然发展的结果。

黑格尔曾言，一切合理的事物都是实在的，实在就一定是合理的。此观点尽管颇受非议，但从某一观点来看，却是不可动摇的真理。宇宙现象无论怎样细微，也绝非是偶然发生、前后无关的。一定是具有应该发生的理由才发生的。我们视之为偶然，只能说明我们知识的贫乏。

通常认为存在一种活动的主体才能发生这种活动。但从直接经验来看，活动本身就是实在。所谓主体只是抽象的概念。由于我们把统一与其内容的对立看作是互相独立的实在，所以才产生这种想法。

第六节　唯一实在

如上所述，实在是一种意识活动。按照通常的解释，所谓意识活动是时而出现、忽而即逝的东西，因而同一的活动是不能恒久持续下去的。由此观点出发，无论我们的一生经历，还是宇宙亘古的发展，所有事实终究像梦幻一般支离破碎。进而我们产生这样的疑问：它们之间难道就没有任何统一的基础吗？关于这个疑问，我想讨论一下：由于实在建立在广义的基础上，所以宇宙是唯一实在的唯一活动。

在一定范围内，意识活动是通过统一而成立的，这点我们已经大致阐明了。但是许多人不相信在一定范围以外还有此种统一。例如，有人认为昨天和今天的意识彼此全然独立，已经不能视其为同一意识。但是从直接经验的角度加以思考，就会知道这种区别只是相对的，并非绝对。对于人们视为统一的意识现象的思维或意志加以思考时，就可以看出其过程并非截然不同的观念的连续。但是，如果这些连续的观念可以看作若干非独立的实在并且是一个意识活动，就没理由不能把昨天的意识与今天的看作一个意识活动了。在我们数日思考某一问题或策划一项事业的时候，可以明显感到这是同一意识在连续活动着，只是在时间长短上有所不同而已。

在意识的结合上，像知觉那样的同时结合，像联想思维那样的接续性结合，以及像自觉那样的终生结合都只是程度上的差异，都是基于同一本质而成立的。

意识现象时刻变化着，同一意识永不复现。认为昨天的意识与今天的即使内容相同也截然不同的想法，不是从直接经验的观点出发，而是预设了时间这样一个因素，将意识现象作为时间上的显现而推论出来的结果。如果认为意识现象是通过时间的形式而成立的，那么从时间性质上看，意识现象必然是有去无回的。时间只有单一的方向。即便是内容完全相同的意识，在时间的形式上已经不是同一的了。如果我们回到直接经验的根本上，上述关系必须是截然相对的。所谓时间，不过是整理人们经验内容的一种形式，因而在时间这种想法产生之前，必须先使意识内容得到结合而成为统一体。否则无法把前后联系起来在时间上思考。因此并非意识的统一作用受时间的支配，反而是时间通过这个统一作用才得以成立的。据此认为，意识的根本上必然具有超越时间之外的恒久不变的某种东西。

从直接经验来看，同一内容的意识就是同一意识。正如真理无论何人、何时、何地都同样认可一般，我们昨天的意识和今天的都属同一体系，具有同一内容，因而立刻被结合而成为同一意识。所谓一个人生就是构成该体系的意识的发展。

从这一点可以看出，在精神的根基处通常是有恒定的某种东西的。而且它在与日俱增。所谓时间的过程就是伴随着该发展而移动其锁定在“现在”的中心上。

如上所述，意识的根基处有着恒定的统一力的活动。问题进而产生：该统一力以何种形式存在，又是如何维持自己的呢？心理学将这种统一作用归结为脑的物质作用。但是如前所述，我们假定在意识之外独立存在着某种物体，这时从意识现象的不变结合推论出来的，因而意识内容所具有的直接结合式的统一作用才是根本性的事实。该统一力并非从另外一个实在产生的，而实在却反而使通过这个作用才成立的。人们都相信宇宙间有一个恒常之理，万物即由此成立。这种恒常之理，是万物的统一力，也是意识内部的统一力。理，并非外物或内心所具有的，而是促成物与心的力量。理，独立自存，不因时间、空间或主体而有差别，也不因明灭消长或用舍与否而起变化。

通常认为的“理”，即为支配我们主观意识中的观念联合体的作用。但此种作用只是理的活动留下的足迹，并非理本身。理本身是创造性的，我们能够完全浸入其中并按照它来进行活动，但不能将其视为意识的对象。

在一般意义上，所谓物的存在是指存在于某时、某地，呈现某种形状。但是这里所说的理的存在却并非此类。像这样被钉死在某处的东西是不能进行统一活动的，因而这不是活的、真正的理。

就个人意识讲，正如上述昨日意识与今日将被统一为一个实在一样，我们一生中的意识也可以被看作单一的。更进一步看这种想法就看出不仅在个人的范围内是这样，就是人们的意识间也可视为根据同一理由而成为一个的。像众人所认可的那样，理总是恒常的，它在我们的意识根基处作为普遍的东西而存在。我们通过此物才能互相理解，互相联系。不但所谓普遍理性在平常人心中是相通的，生活于某一社会的人，无论如何另类、个性，无不受其所在社会的精神思想所支配。每个人的精神思想不过是整个社会精神思想的一个细胞而已。

综上所述，人与人之间的意识联结，同一个人昨日与今日两种意识的联结，是同一的。看起来，前者似乎是外部结合；后者则为内部直接结合。如果是外部结合的话，那么后者也应该是由某种内在感觉的符号所结合的。这和个人间是由语言符号结合起来的情况是相同的。如果认为这是由内部结合的话，那么前者也一样，正是因为个人间原本就有相同的根基，所以能够及时结合。

我们通常称之为客观世界的事物，已多次指出，并非脱离我们的主观成立。客观世界的统一力量与主观意识的统一力量是同一的，亦即客观世界和主观世界是依据同一理而成立。因此，人们才能够通过存在于自我之内的理来参悟宇宙世界的原理。如果存在一个与我们意识不统一的世界，那么这样的世界也是与我们漠不相关的。我们能够认识并参悟的世界必然是存在于与我们的意识同一的统一力量之下的世界。

第七节　实在的分化式发展

抛开意识才有世界的这种看法也许就是说万物是各自独立存在的东西；但从意识现象是唯一实在的角度看，必然会得出这样的结论：在宇宙万象的根基处存在唯一的统一力量，万物则是同一的力量所显现出来的东西。随着知识的加深就会越发深信这同一之理。现在我们谈谈如何从此唯一实在产生种种差别的对立这个问题。

实在被统一为一体时，又包含着对立。这里如果存在一个实在，就必然存在与其对立的其他实在。这样的两者相互对立时就不是独立的实在，而是被统一起来的东西，亦即一个实在的分化发展。并且在这二者被整合为一个实在时，就会再产生一个对立。但是这时此二者的背后又必然有一个统一在活动中。就这样朝着无限的统一迈近。反之，从一方面来想，就可以认为无限的唯一实在正由小到大、由浅入深地对自我进行分化发展。此过程发现了实在的形式，宇宙现象即由此成立、进化。

实在发展的过程可以借助我们的意识现象将其看透彻。就意志而言，它是想把某种理想化为现实的，是现在与理想的对立。但在这个意志被付诸实际而达到理想目标时，那个现在又会与另外的理想相对立，而出现新的意志。这样我们就在一生中不断地发展并完善自己。其实，就生物体的发展来看，也可以发现此种实在的形式。生物体的生活确乎是这般无止无息的活动。但要将此形式加之无生命的事物上就很困难，对此的探讨将留待“自然”一节详论。

现在的问题是从上述实在的根本形式中如何产生种种差异的？首先，所谓主客的区别由何发展而来？主客间不是彼此间孤立存在的，而是一个实在的相对的两个方面。我们主张主观是统一的方面；客观是被统一的方面；所谓自我始终是实在的统一者，而外物则是被统一者。比如，我们对某物进行意识或者思维时，所谓自我是彼此相互比较、进行统一的作用，所谓外物就是与此相对立的对象，即被统一的材料。当我们用后来的意识审视以前的意识时，似乎认为可以将自己视为对象，但其实此时的自己已不是真正的自己，真正的自己是现在的观察者即统一者。这种情况必须是前面的统一已经告一段落，作为后面的统一材料被包含其中。因此自我是无限的统一者，是不能把自我当作对象的被统一材料。

从心理学上看，所谓自我也是意识的统一者。并且，现在从意识是唯一真正实在的观点看，此自我应该是实在的统一者。心理学认为，这个统一者的自我是脱离被统一之物而独立存在的，但这样的自我不过是抽象的概念。实际上自我并非脱离外物独存，我们自己就是宇宙万物的统一力的源泉。

精神现象同物质现象的差别绝非两种实在。所谓精神现象是从主观方面来看的，所谓物质现象是从被统一之物即客观来看的。只是从相反的两个方面来看待同一事物而已。据此，如果从统一的角度看，一切都属于主观而成为精神现象，抛开统一则一切都成为客观的物体现象（唯心主义与唯物主义间的对立就是由于固守其中一面而产生的）。

其次，能动被动间的差别由何产生？所谓能动被动并非说实在包含此两种区别，这仍然是同一实在的两个方面。统一者始终是能动的，被统一者始终是被动的。例如，就意识现象看，所谓我们的意志发生了活动就是说意志的统一观念亦即目的已然实现，统一已然完成。此外凡是说精神发生了活动，意思就是达到了统一的目的；说它未能进行活动而被其他所统一的时候就叫被动。在物质现象上亦然，所谓甲对乙起作用，亦即指在甲的性质中能够包含乙的性质的情况而言。因此，统一就是能动的真正意义，在我们处于统一的状态中时，我们是能动而自由的。相反，在被其他所统一时，则是被动并受支配的。

通常认为，在时间的链条上，先者为能动。但是在时间上是先的事物未必全是能动者，能动者必须是具有力量的东西，所谓力量就是实在的统一作用。例如，物体的运动是由运动力产生的，可是此运动力实际上是某些现象间恒定的关系，也就是联结综合这种现象的统一者。在严格意义上，只有精神才是能动的。

其次，无意识与意识的区别。主观的统一作用常常是无意识的，成为被统一对象之物则是意识的内容。无论就思维还是意识看，真正的统一作用始终是无意识的。只有当对它进行反省时，此统一作用才作为一个观念出现在意识之上。但此时已然不是统一作用，而成为被统一的对象。如上所述，统一作用始终是主观的，因而必须永远是无意识的。正如哈特曼所说，无意识即为活动，我们站在主观立场以及活动状态时，总是无意识的。反之，将某种意识当作客观对象加以意识时，那个意识就已经丧失活动了。以某种艺术修养为例，在意识到一个个动作时，并非真正的艺术活动，只有达到无意识状态时才成其为灵动的艺术。

有质疑者说，从心理学讲，精神现象都是意识现象，所以无意识的精神现象是不存在的。但我们的精神现象不单单是纯的观念的连续，一旦存在对其进行联结统一的无意识活动，然后精神现象才能成立。

最后，就现象与本体间的关系看，也仍然可以解释为实在的两个方面。我们所说的物的实体就是指实在的统一力量，所说的现象就是它的分化对立状态。比如说，此处存在着桌子的实体，这意味着我们的意识总要通过某种结合才能显示出来。这里所说的恒定实体就是统一力。

据此看来，真正的主观不得不说是实在的实体。但是我们却通常反而认为物质存在于客观。这是因为忽略真正的主观，只考虑抽象的主观缘故。这种主观是无力的概念，如果说物的实体属于客观，倒是很恰当。但是认真说来，所谓脱离主观的客观也是无力的抽象观念而已。所谓真正活动中的物的实体，是使实在成立的根本上的统一力，亦即真正的主观。

第八节　自　然

“实在”唯一，但由于看法不同而呈现种种形态。“自然”往往被认为是脱离我们的主观而独立存在的客观实在。但是严格地讲，这样的自然是抽象的概念，绝不是真正的实在。因为实在的实体仍然是主客未分的直接经验的事实。例如，我们当作草木来思考的物体，是具有颜色和形状的活生生的草木，是我们所直觉的事实。只是在我们从此具体实在中舍去了主观活动时，才会感到它仿佛是纯客观的自然。而科学家所谓最严格意义上的自然，就是这种思想极端化的产物，因而是最抽象的东西，即背离实在真相最远的东西。

所谓自然，就是从具体的实在中舍去了主观方面、舍去了统一作用的东西。因此自然中没有自己。自然只是按照其固有规律从外部被推动的，不能自动自主地进行活动。因此自然现象的联结同精神现象一样，并非内在的统一，只是时间空间上的偶合而已。所谓归纳法得出的自然规律，不过是说因为某两种现象发生于不变的连续上，所以假定一个现象为另一现象的原因。无论自然科学如何进步，我们也得不到更进一步的说明。只是说该说明是精细而普遍的而已。

现代科学的趋势竭力追求客观。因此这种情况产生了：心理现象必须从生理上得到说明，生理现象必须从化学上得到说明，化学从物理上说明，而物理则只能机械地加以说明了。那么作为此种说明的基础的纯粹机械说明是什么呢？所谓纯粹物质，是我们全然不能经验到的实在，如果或多或少能够经验到的东西，就必须作为意识现象出现在我们的意识上。然而作为意识事实出现的东西都是主观的，并不能说是纯客观性的物质。所谓纯物质也没有任何能够捉摸的积极性质，而只有所谓空间、时间、运动这些纯数量的性质，因而只是像上学概念那样完全抽象的概念而已。

物质作为充满空间之内的东西往往被认为是能够直觉的，但我们所谓能够具体思考的事物的延伸只是触觉和视觉的意识现象。在我们的感觉上很大的东西却未必含有很多物质。物理学中物质的多寡总是取决于它力量的大小，也就是从相互间的作用来推导，绝非直觉的事实。

如上所述，从纯物质角度来思考自然，就没有了动物、植物、生物的区别，一切就只能说是同一机械力的作用，因而自然现象就成为毫无特别或意义的东西。人类与泥土就没有了差别。但我们实际经历着的自然绝非上述那种抽象概念，从而也绝不仅仅是同一机械力的作用。动物就是动物，植物就是植物，金石即为金石，都是各自具备特点和意义的具体事实。我们所谓山川草木鸟兽虫鱼，都是各自具备特性的东西。我们虽然可以从种种立场来对其加以说明，但是一个内赋直觉事实的真实自然终究是不能动摇的。

人们通常把纯机械的自然当作真正的客观实在，把直接经验上的具体自然当作主观现象，这是从所有意识现象都是自我的主观现象的此种假定推论出来的。但是我们已经多次论述过，我们不能设想完全脱离意识现象的实在。如果因为与意识现象有关就是主观，那么纯机械的自然也是主观的。所谓空间、时间、运动等如果脱离我们的意识现象也是无法想象的。它们只是相对客观而非绝对客观的。

作为真正的具体实在的自然，如果完全失去统一作用，是决不能成立的。自然也包含着自我。一棵植物也好，一只动物也好，它所表现的种种形态变化和运动并非仅仅是一些无意义的物质结合与机械运动；它们各自具备同整体之间不可分割的关系，因而可以视为一个统一体的自我发现。例如，动物的手足口鼻与其生存目的息息相关，脱离这种目的就无法解释它们存在的意义。至少在说明动植物现象时，必须这样假定自然的统一力。生物学家用生物本能来说明一切生物现象。不仅生物具有该统一作用，即使是无机物的结晶也已经或多或少展现了该统一作用：一切矿物都具有特有的结晶形状。从此种无机物的结晶到动植物的有机体，自然的自我即此种统一作用越来越明显（真正的自我只有达到精神境地才能实现）。

从现代科学严密、机械说明的角度看，有机体合乎目的的发展也必须经物理化学的规律来说明。亦即那不过是偶然发生的结果。但此种想法未免过于忽视事实，所以科学家便想用潜能这种假定来说明它。就是说，生物的卵或种子中各自具有使生物萌发的潜能，此潜能就是以上所说的自然的统一力。

对自然的说明，即使承认机械力之外还存在这种统一力，它们也不矛盾。相反，两者相反相成更能说明完整的自然。例如，这里有一个铜像，拿它的材料铜来说，虽然要符合物理化学的规律，但我们不能把它看作只是一块铜，相反，它是表现我们理想的艺术品，也就是借助我们的理想统一力而出现的东西。但是此理想的作用与支配材料本身的物理化学规律各有类属，因而绝不会互相抵触。

有了上述统一的自我，然后自然就有目的，有意义，最终成为灵动的自然。作为此种自然的生命的统一力，不是仅仅由于我们的思维造成的抽象现象，相反是出现在我们直觉之上的事实。看到可爱的花、可亲的动物，就会即刻在整体上掌握某种统一的东西。就是此物的自我与其实体。艺术家在此种直觉上最为敏感，他们能迅速识破物的真相进而掌握某种统一的东西。他们所表现的不是表面的事实，而是暗藏于物的根基处的恒定的实体。

歌德曾经埋头研究生物，成为今日进化论的先驱。依据其说法，在自然现象的背后有所谓本源的现象，能为诗人所直觉到。他说各种动植物就是此种本源现象的本源动物和本源植物变化而成。在近日的动植物中都有一定不变的典型。基于此学说，他做出了一切生物都由进化而来的结论。

那么，潜藏在自然背后的所谓统一自我究竟是什么？我们总认为自然现象是与我们这个无关的纯自然的现象，因而认为此自然的统一力也是完全不可预知的某种东西。但是如前所述，真正实在是主客不分的，实际的自然不只是客观上的那种抽象概念，而是具备主客意识的具体事实。因此那个统一的自我并非与我们的意识毫不相干的不可知的某物，而实际上是我们意识的统一作用本身。所以看出，我们是凭借自我理想和情意的主观统一来了解自然的意义和目的的。例如，我们能够充分理解动物的各种结构及其动作背后存在的根本意义，声音为我们用自我的感情意念去直接对它进行直觉的结果，自我若没有此种情感意念终究是无法理解动物的根本意义的。随着我们的理想和情意趋于深广，我们就越能理解自然的真意。总之，我们的主观统一与自然的客观统一原本是同一的。客观地看，即为自然的统一力；主观地看，便是自我知识、情感、意念的统一。

所谓“外物之力”被视为与我们的主观统一毫不相关。当然或许这是最无意义的统一，但这也不是完全脱离主观统一的。我们说物体之中存在力量，而且能够发挥种种作用，这就是在客观地省察自我的意志作用。

通常认为，凭借自我的理想或情感意念来推断自然真意只是类推，而非千真万确的真理。这种想法是由于将主客分别加以思考并把精神与自然看作不同实在而产生的。从纯粹经验来看，将其视为同一倒是十分恰当稳妥。

第九节　精　神

初步看来，自然似乎是脱离我们的精神而独存的纯客观实在，其实并非如此。我们从其主观方面，即统一作用来看，所谓自然现象都成其为意识现象。如此处有一块石头，如果将其视为借助某种与我们无关的、未知的实在力量而得以显现的东西时，那它就是自然。但是如果将其视为直接经验的事实加以考察时，那就不再是客观上的独立实在，而是我们视觉与触觉的结合，即通过我们的意识统一而成立的意识现象。据此，如果将自然现象回归到直接经验的根本上来时，一切都成为借助主观统一而成立的自我的意识现象。唯心学派之所以主张世界是自我的观念，就是由此立场出发的。

我们往往相信每个人在看到同一块石头时会有同一的观念。其实它是因个人意识与经验的差异而不同的。因此具体的实在都是主观的、个人的，并没有所谓客观的实在。所谓客观实在只是每个个体共同的抽象概念而已。

那么我们通常与自然相对立的精神又是何物？亦即主观的意识现象究竟是什么？所谓精神现象，只是对实在的统一方面即活动方面抽象地加以思考的结果。如上所述，在实在的真相中，没有主观、客观、精神、物质的区别，但在其成立的基础上，一切必须有统一作用。该统一作用必然不是脱离实在而特别存在着的东西，但如果将统一作用加以抽象化，使之与被统一的客观相对立来考察时，那就成为所谓精神现象了。例如此处有一种并非独立存在的感觉，它必然是与其他相对立而存在的。也就是与其他相比较、区别而成立的。此种比较区别的作用也就是统一的作用，就是我们所谓的精神。因此，随着此作用的发展，精神与物质的鸿沟也越加深广、显著。儿童时代的我们的意识是自然的，因而主观的作用是微弱的。随着年龄的增长，统一的作用日益强化，我们就逐渐直觉到从自然中区别出来的自我之心。

通常认为，我们的精神与客观的精神有所区别而独立存在。但是，正如脱离了精神上主观统一的纯客观自然是抽象概念一样，离开了客观自然的纯主观精神也是抽象概念。有了被统一之物，才有进行统一的作用。如果真有那个感受外物的精神本体的话，就等于说有了灵动的外物就有了感觉的心。不活动的精神本体同不活动的物质本体一样是不可知的。

那么，为何实在的统一作用会从其内容中划分出来呢，像独立实在意义出现？这无疑是由于实在方面的种种统一的矛盾相冲突的结果。实在有各种不同的体系，即有各种不同的统一。当这个体系的统一相互冲突与矛盾时，此统一便会明显地呈现于意识之上。也就是说，有冲突矛盾存在的地方就有精神；有精神存在的地方也就有矛盾和冲突。就我们对意识活动看，在没有产生动机的冲突时处于无意识状态，即接近于所谓的客观自然状态。但是随着动机的冲突越发明显，意识便越能被明显地意识到，自我的内心也被直觉到。那么此体系的矛盾冲突是从何而生的呢？这是基于实在本身的性质而发生的。如上所述，实在一方面是无限的冲突，另一方面又是无限的统一。冲突是统一的不可或缺的一面。通过冲突我们又前进到更大的统一中。所谓实在的统一作用，亦即我们对精神对自我有所意识，但这并非是在那个统一活跃着的时候，而是在冲突着的时候。

当我们精通某一技艺时，也就是得到了实在的统一时，反而是无意识的，也就是感觉不到自我这个统一的。但要想进一步探究时，便会与亦即得到的东西发生冲突，此时又变成有意识的，而意识就是永远从此种冲突中产生的。此外，我们说精神存在之处必有冲突。这一点通过审视精神与理想相伴的事实就会明白。理想就是与现实之间存在着矛盾冲突（我们的精神由冲突而出现，因而在精神上必有苦闷。厌世论者认为苦海无边也是有其道理的)。

如果认为我们的精神是实在的统一作用，那么一切实在都有统一，也就等于说一切实在都有精神。这样的话，我们又依据什么来区别无机物与生物，或者划分有精神之物与无精神之物呢？严格地讲在一切实在中都有精神，如上所述，在自然中也有统一的自我，那就是同我们的精神相通的统一力。例如“此处有一棵树”的意识现象，提出总是将其视作客观实在、认为它是通过自然力而存在的，但当我们将其视为形成意识现象的一个体系来看时，那就是通过意识的统一作用而成立的。不过在所谓无意识之物上，该统一的自我还未作为直接经验的事实而呈现在现实中。树本身并未自觉到自我的统一作用，其统一的自我存在于另外的意识之中，并非存在于树本身之中。这就是说，它仅仅是通过外部得到统一的，并非从内部得到了统一。因此还不是独立自在的实在。动物则与此相反，其内在统一即自我已经出现在现实中，动物的各种现象（例如其动作、神态）都可以视为其内在统一的表现。一切实在都是通过统一而成立的，但在精神方面，此种统一是作为明显的事实而呈现的。因此实在只有在精神上才成为完全的实在，亦即独立自在的实在。

所谓无精神之物，其统一是从外部强加的，并非自我内在的。因此审视者不同，其统一也随之不同。例如，通常认为有一个所谓的"树"的被统一的实在，但在化学家看来，它却是一个有机的化合物，只是元素的集合，并没有什么树的实在。但是我们不能这样看待动物的精神，虽然其肉体也可以像植物一样视为化合物，但精神本身却不能因审视者的不同而随之改变，无论人们如何解读它，实际上它总是自居一种不可动摇的统一。

今日的进化论者认为从无机物、植物再到动物、人的进化过程，也可以说是实在渐渐把它所隐藏的本质作为现实而呈现出来。只有在精神的发展中构成实在的根本性质才能显示出来。莱布尼茨曾说，发展即内在进化正是此意。

作为精神统一者的我们原本就是实在的统一作用。某一心理学派认为我们的自我不过是观念和感情的集合，除此之外再无自我。这只是单纯的分析视角，而忽视了统一的方面。如果将一切分析地看，就不能认识统一的作用，但不能因此就去无视统一的作用。事物通过统一而成立，观念和感情也是通过统一的自我力量才成为具体实在的。那么这个统一力即自我由何而来呢？归根结底，这就是实在统一力的发现，也就是永恒不变的力。自我之所以常常感到自由、创造、无限的活动，就是这个缘故。如上所述，我们在内心中进行反省时，往往感到有自我一种感情，但这并非真正的自我。这个自我是不能进行任何活动的。只有当实在的统一力在内心进行活动时，我们才感觉到按照自我的理想支配的实在以及自我在进行着自由活动。因为该实在的统一作用是无限的，所以我们才感觉到自我是无限的，似乎囊括宇宙。

从我以前所凭借的纯粹经验立场看，这里所说的实在的统一作用也许会被认为只是抽象的概念，而非直接经验的事实。但我们直接经验的事实并非观念和感情，而是意志活动，所以这种统一作用是直接经验不可或缺的因素。

在此之前，我们常将精神与自然对立看待，现在我想就二者的关系加以略述。人们往往认为，我们的精神作为实在的统一作用似乎是与自然无关的特殊实在，其实离开被统一之物也就没有了统一作用，离开了客观精神也就没有了主观精神。所谓的认识事物不过是自我与外物相一致而已。看见花时，自我便化作花朵。如若对花朵加以研究并揭示其本质就意味着抛弃自我的主观臆断而与花的本质相趋于一致的意思。在就理来看，它绝非我们的主观空想。理不但未众人所共有，而且实际上是客观实在成立的根本缘由。不可动摇的真理常常是压倒我们的主观自我并趋于客观而得到的。总之，所谓的知识趋于深广，就是说越发地合乎于客观自然。不仅知识是这样，意志也是如此。纯粹主观终究是一事无成的。意志只有服从客观的自然才能得以实现。要水流动必须先遵循水的本性；要支配人，也要遵循人的本性；要想支配自我，也必须遵循自我的本性。我们的意志越客观，我们就越有力量。释迦牟尼和耶稣在千年之后还有感化众生的力量，就是因为他们的精神是相当客观的。因此，无我之人即消灭自我的人才是最伟大的人。

精神现象与物质现象常常按照内外加以区分，认为前者在内，后者在外。这种想法是从精神存在于肉体之中的武断观点产生的。从直接经验来看，一切都是同一的意识现象，全无内外之别。我们单纯称之为内在的主观精神的东西实际是极其浅表的微弱精神，亦即个人空想。反之，伟大而深远的精神，是符合宇宙真理的宇宙活动本身。因此在这种精神上自然带有外界的活动，即使不让它活动也是不行的。艺术家的灵感就是这样的典型。

最后，讲讲人心的苦乐：当我们的精神处于完全状态时，就是快乐；处于不完全状态即分裂状态时就是痛苦。如上所述，精神是实在的统一作用，但在统一之中必然伴随着矛盾冲突。在发生矛盾冲突时，人们常常是痛苦的。无限的统一活动就是想要摆脱这种矛盾冲突而达到更大的统一。此时我们的内心生产种种欲望和理想。而当达到更大的统一的时候，就是我们对欲望或理想得到满足的时候，也就成为快乐了。因此，快乐的另一面必然伴随痛苦，痛苦的一面必然伴随快乐。看见人心是不能达到纯粹快乐之境界的，但只要努力求其客观，并与自然相一致，就能保持无限的幸福。

心理学家认为帮助我们生活下去的是快乐，妨碍我们生活的是痛苦。所谓生活就是事物的本性发展，即维持自己的统一；因此也就等于说，促成统一的是快乐，阻碍统一的是痛苦。

如上所述，精神是生活的统一作用，至大之精神是与自然相一致的。因此我们把小我当作自我时，痛苦就多；随着自我的增加，以至于同客观自然趋于一致就成为幸福了。

第十节 作为实在的神

根据以上论点，我们称之为“自然”或“精神”的东西并非完全不同的两种实在。归根结底是基于对同一实在的看法不同而彼此区别的。要深刻地理解自然就应当承认在其根基处存在着精神的统一，并且所谓完全的真正精神必须是与自然合一的精神，也就是在宇宙中只存在着一个实在。而此唯一实在如上所述，一方面是无限的对立冲突，一方面又是无限的统一，一句话，就是独立自在的无限活动。我们称这个无限活动的根本为“神”。所谓神绝非超越实在以外的东西，实在的根基就是神。没有主客之分、精神自然合一的东西就是神。

不论任何时代、任何民族都有神这个概念。不过由于知识程度及要求的差异而被理解为种种不同的含义。多数宗教学家认为神存在于宇宙之外，而且是支配整个宇宙像伟人一般的事物。但是此种想法是很幼稚的，这不仅与今天的科学知识相左，即便在宗教上，我想这种神与人类之间也不能在内心取得亲密的一致。但是也不能像今天那些极端的科学家那样认定物质是唯一实在，物力是宇宙的根本。如上所述，在实在的根基处有精神的原理，这个原理就是神。这同印度宗教的根本要义一样，atman（我）与 brahman（婆罗摩）是同一的。神就是宇宙的伟大精神。

自古以来，为了证明神的存在曾有各种观点。有人说，这个世界不能无中生有，必定有创造这个世界的东西，因而就说世界的创造者是神。也就是一句因果定律把世界的来源归之于神。也有人说，这个世界不是偶然存在的，而是一个个具有意义的事物，也就是按照一定目的组织起来的事物；并且以此为依据，进一步认为必然有一个提供组织的事物，而此指导者即为神。也就是把世界与神的关系看作艺术作品与艺术家之间的关系。这些人都是想从知识方面证明神的存在并确定神的性质。此外还有人像完全脱离知识而想从道德的要求上来证明神的存在。根据他们的说法在我们人类之中存在着道德的要求，即存在着良心。因而如果在此宇宙中没有劝善惩恶的大主宰者，我们的道德就是无意义的，因此必须承认道德主宰者的存在。如康德就属此派。但是这些说法是否确实能证明真正的神的存在呢？如果像上述那样以因果定律为依据并认定世界必有一个来由，就必然承认神的存在。那么为何不能进一步寻找神的来由呢？如果说神无始无终而且没有来由也能存在，为何不能说世界也是那样存在的呢？其次，如果从世界是遵循某种目的而适当地组织起来的观点出发，进而推论到必须有全知全能的统治者，那就必须证明宇宙万物是合乎某一目的而创造的，但这却几乎不可能。如果说不能证明此点就不能证明神的存在，那么神的存在就是很不确定的。也许会有人相信，有人因此而不信它了。进一步讲，即使这种情况得到证明，我们也可以认为这个世界是这样偶然合乎目的而造成的。要想从道德的要求来证明神的存在，那就更加无力了。假设有所谓全知全能的神来维持我们的道德，无疑我们的道德就能够具有伟大的力量。但是却不能因为此种想法有益于我们的实践就证明说必须有这种东西。这种想法仅仅是一种权宜之计。以上种种想法都是想间接地从外部来证明神的存在，而没有把神放在自我的直接经验上来证明它。

怎样才能在我们直接经验的事实上找到神的存在？在我们受到时空限制的渺小胸襟中，也潜藏着无限的力量，也就是潜藏着无限的实在的统一力。由于我们具备此种力量，所以能够在科学上探究宇宙真理，在艺术上表达实在的真意，能够在自我的内心认识到构成世界的实在根本，也就是能够识破神的面目。人心的无限自在的活动本身就证明了神本身。伯姆所说“用内在之眼来看神”就是这个意思。

从外界来寻求神，神难免是假想的。此外，存在于宇宙之外的被称为宇宙指导者或创造者这样的神，也不能说是真正绝对无限的神。上古时代的印度宗教和十五六世纪在欧洲盛行的神秘学派在内心的直觉上来寻求神，我认为这是最为深刻的关于神的知识。

神以何种形态存在？一方面，如库萨的尼古拉等人所说神是一切的否定；凡是能够指明肯定的东西，即能够探究的东西都不是神；能够指明并被探究的东西就已经是有限的了，从而不能成为对宇宙进行统一的无限作用。从此点上看，神俨然是无。但我们是否能说神单纯的就是无呢？答案是否定的。因为在实在的根基处有明显不可动摇的统一作用在活动着，而实在确实是通过它成立的。例如，三角形各角总和等于两个直角，道理在哪里呢？虽然我们看不到、听不到理，但它仍然是不容置疑、无可动摇地存在于上述事实中。观赏一幅名画时，我们能够从其整体上看到神韵萦绕、灵气动人的东西，可是要想从其中一物一景上指出所以然来却是无法做到的。神就是这种意义上的宇宙统一者和实在的根本。只是因为它常常是空无的，所以它也是无处不有、无所不在的活动。

正如不懂数理的人无论如何也不能从深邃的数理中汲取知识养分一样，不懂美的人无论欣赏怎样美妙的画卷也丝毫不受感动一样，平凡而浅薄之人总是认为神的存在是空想，并且觉得它没有任何意义，从而将其视为无用之物。想认识真正神的人，必须要相应地磨炼自我，使自我具备识别神的眼光。这样之人便能够作为直接经验的事实感受到宇宙中神的力量，宛如名画中依然舞动着画家的神思一般。此即为“见神的事实”。

根据以上所述，也许有人感到神是实在统一的根本性的、冷静的哲学上的存在，它同我们温婉的情意活动似乎没有关系。事实绝非如此。如上所述，我们的欲望是通过寻求大的统一而发生的，达到这个统一的时候就会产生喜悦。所谓个人的“爱己”终究只是这种统一的要求而已。因此，我们的精神原本是无限的，就绝不会满足于个人的自我统一，而必须更进一步寻求更大的统一。因为我们的大我涵盖了别人和自己双方，所以就要向别人表示同情并寻求别人同自己的一致统一。我们的所谓“爱他”就是这样产生超越个人的统一要求。因此我们会在“爱他”中感到比“爱己”更大的宁静和喜悦。并且作为宇宙的统一的神，实际上就是这种统一活动的根本，是我们爱的根本，我们喜悦的根本。神就是无限的爱、无限的喜悦和无限的宁静。

第三章　善

第一节　行为（上）

前面已经大致说明了实在的问题，接下来讨论我们所应做的事，善是什么以及人类行为应该以什么为归宿等现实问题。因为人类各种实践方面的现象都可以概括在行为之内，所以在论述这些问题之前，我们先来研究一下什么是行为。

行为，从外部来看，是肉体的运动，但它与单纯的水流或石落等物体运动是不同的。它是一种有意识、有目的的运动。可是我们必须把它和那些只出现在有机体上的有目的而毫无意识的各种反射运动相区别开，以及那些可以在较高等的动物身上看到的有目的并有少许意识、但目的尚未被明确意识到的本能动作相区别。所谓行为，是指它的目的被明确意识到的动作。人类也具有肉体，所以既有种种物体的运动、又有反射运动和本能动作，但是可以称得上是特别的自我作用的却只有行为。

此种行为在很多情况下是带有外界的运动即动作的，但因为其主要部分是内在的意识现象，所以我们要探讨一下心理学上的行为究竟是什么意识现象。所谓行为，如上所述，是从被意识到的目的产生出来的动作，即有意识的动作。可是我们通常所说的行为，包括了外界的动作，所说的意志主要指内在的意识现象，所以讨论行为的意识现象就等于是讨论意志。那么意志究竟是如何产生的？原本我们身体的组成基本上是为了保持并发展自我的生命而从事适当的运动，意识也就随着这种运动而产生。最初是单纯的苦与乐的感情，随着对于外界的观念逐渐明了，联想作用越发活跃，上述运动并非对外界刺激无意识的反应，而是首先想到结果的观念，然后转变成运动，就此产生了意志。因此意志的产生必须先有运动的方向，从意识的角度看，就是必须先有决定联想方向的肉体或精神上的要素。这种要素在意识上表现为一种冲动的感情。不论它是先天还是后天，总之可以被称为意志的力量，暂且将其命名为“动机”。其次，通过经验而得到的和经过联想而引起的结果观念（目的、目的观念）必须伴随以上动机。这时意志的形态才逐渐形成，因此我们称之为欲望，亦即意识的第一步。只有一个欲望的时候，它就附带着运动观念发展为动作，但有两个以上的欲望时，就会出现欲望的角逐，其中最有力、最强烈的欲望就会占据意识的主要位置发展成动作。我们叫它“决意”。我们所谓意志就是指这种意识现象的全体，但有时从狭义讲，也指即将转化为动作的瞬间。行为的主要部分其实就是这种内在意识现象的意志，外部动作并非它的主要部分。因此即使优于某种阻碍而没有发生动作，只要具有完整的意识，也可以称之为行为；反之，即使产生了动作，如果没有充分的意志，也不能叫作行为。意志的内在活动变得活跃时，就从开端产生出以意识之内的事件为目的的意志。此时，也可以叫作行为。虽然心理学家对它们作了内外的划分，但是作为意识现象看，其实就有完全相同的性质。

以上论述了构成行为主要部分的意志，接下来进一步说明意志是怎样的性质的意识现象，以及意志在意识中占据什么地位。从心理学看，意志是观念统一的作用。属于统觉之一。意识中的观念结合有两类：一是观念结合的原因在于外界事物，在意识上结合的方向不明显，似乎是被动的，因而称其为联想；另一种结合的原因在意识内部，结合的方向可以被明显意识到，而且感觉是能动结合，所以将其命名为统觉。如上所述，所谓意志就是先有决定观念结合方向的目的的观念，然后在积累的以往运动观念中组成适合于自我实现的观念结合，这完全是一种统觉作用。主要所谓意志就是一种观念统一的作用，在欲望竞争角逐的情况下更加明显。所谓“决意”不过是这种统一的终结。

既然如此，此种意志的统觉作用同其他统觉作用有什么关系？除意志以外，思维和想象的作用也属于统觉作用。这些作用也是把某种统一的观念视为根本，然后将观念统一起来，以求符合其目的。因此，在观念活动的形式上，它与意志完全不同。只有由于统一目的的不同从而统一规律各异，所以它们才被视为不同的意识作用。进一步探讨它们间的异同点：首先比较一下想象和意志。想象的目的是模仿自然，意志的目的则是本身的运动。所以想象是为了符合自然的真实状态而统一观念，意志则是为了符合自我的欲望而统一。细细想来，在意志的运动之前，必须首先一度想象这种运动，并且为了想象自然也要站到那个事物的立场去考虑。只是想象始终在想象外物，自我无法完全同它一致，因而就会感到那不是自我的现实。也就是说，想象某一件事和实行此事总会有不同的感觉。不过，进一步思考，就会知道这只是程度上的差别，并非质上的差别。当艺术家的想象达到出神入化的境地时，自我就全然融于其中，与外物完全趋于一致，并感到物的活动就像自我的意志活动一般。其次，再度比较一下思维和意志。思维的目的在于真理，支配其观念结合的规律是逻辑规律。同时我们认为，真理并非一定是我们的意志所在，意志所在也未必是真理。而且思维的统一仅仅是抽象概念的统一，意志和想象则是具体观念的统一。在这些点上，思维和意志间乍看有明显的区别，没人会混淆它们。但严密地思考过后就会看出，这些区别并非那样明显、不可动摇。意志的背后总是潜藏着相当的理由。尽管它并不完整，而意志总是在某种真理中活动，也就是通过思维而成立。与此相反，如王阳明所主张的知行合一那样，真正的知识必须伴随着意志的实行。自我虽然那样，思维却不是那样地希望它那样做，是因为没有获得真知的缘故。可见，思维、想象和意志这三个统觉根本上都是同一的统一作用。其中，思维和想象是对全部与物我有关的观念所作的统一作用，而意志只是特别与自己的活动有关的观念的统一作用，而意志只是将同自我有关的观念加以统一的作用。与此相反，前者只是理想即可能的统一，后者则是现实的统一，也可说是统一的极限。

以上略述了意志在统觉中的地位，接下来要谈谈它与别的观念结合，即与联想融合之间的关系。关于联想，前面曾经说过决定其观念结合方向的因素存在于外部而非内部。然而这仅是程度上的。联想的统一作用也不能完全说不在内部。只是出现在意识上时不明显而已。至于融合，其观念的结合更是无意识的，甚至连结合作用也意识不到，但却不能说它没有内在的统一。总之，一切意识现象都具有和意志相同的形式，也可以说都是某种意义上的意志。如果把这些作为根本的统一作用的统一力称为“自我”，意志就是其中把自我表现得最明显的东西。因而我们在意志活动中最能明显地意识到自我。

第二节 行为（下）

以上从心理学角度论述了行为是什么意识现象。现在让我们进一步讨论作为行为根本的“意志统一力”从何而来以及此力在实在方面具有什么意义等问题，并将阐述一下哲学上的意志与行为的性质。

根据某一既定目标、从内部来统一观念的思维意志的统一究竟从何而来？科学家持有物质之外别无实在的立场，如果我们从此出发也许只能认为这个力量来源于我们的躯体。我们的躯体和动物的一样，是构成一个体系的有机体。动物有机体无论它有无精神，总能通过神经系统中枢机械地进行各种有秩序的活动，即进行反射运动、自觉运动以及更加复杂的本能运动。我们的意识原本也是从这些无意识的运动发展而来的，即使是现在意识经受训练时，也还是会恢复这些无意识运动的状态。于此我们只能认为它是根据同一力量生发出来的同一种运动。由于统一体的各种目的最终都是为了维持并发展其自身和自身所属种类的生活，所以我们的意志目的也不外乎是维持生活，只是由于意志的目的在被意识着，所以看来与别的有机体的目的不同。科学家甚至企图通过此种生活目的来说明我们人类各种高尚的精神要求。

然而像这样想从物质力那里来寻求意志本原，并企图从生活的欲望角度来说明深远微妙的人生追求纯属天方夜谭。即使认为高尚意识的发展需要伴随生活作用的活跃，但最高的目的也只能在于前者，而不会在那个只能被当作前者手段的后者。这些论点留作以后详述，诚如科学家所说意志是由有机体的物质作用而发生的，那就应该先假定物质具备什么能力。关于有机体的运动发生在物质上这一点，有两种见解：第一，将自然看作是合乎目的的东西，像生物的种子一样在物质中也潜藏着合乎目的的力量；第二，将物质看作只有机械力，认为一切合乎目的的自然现象都是偶然发生的。科学家的缜密见解是后者，而我却认为它们是相同的，绝非连基础都迥异的二者。即使是后一种见解也不得不假定在某处存在着一种产生恒定不移现象的力量。要产生机械运动，就必须假定产生这种运动的力量潜在于物体之中。如果这样的话，为什么不能依据同样的理由认为物体之中潜藏着有机体的合乎目的的力量呢？或许有人说，对于有机体的合乎目的运动即使不假定那种力量，也能用更简单的物理化学规律加以解释。但是这样的话，甚至今日的物理化学规律能否用更简单的规律加以解释也是不得而知的。如果认为知识的进步是无限的，所以这必然是能够加以解释的。这样想的话，真理就只是相对的了。我并不赞成此观点。我认为应该把综合放在比分析更重要的位置上，认为合乎目的的自然由各个分立趋向综合，有步骤地发挥自己的真义，这才是最恰当的观点。

此外，根据我以前谈过的对实在的看法来说，所谓物质只是给意识现象的恒定关系加上的名称，不是物质产生意识，而是意识创造物质。即使所谓最客观机械的运动也是通过我们的逻辑统一而成立的，绝非脱离意识而统一的。随着它的向前发展成为生物的生活现象，进一步成为动物的意识现象，此种统一越发趋于活跃、涵盖越多、越发深远。意志是我们意识最深远的统一力，又是实在统一力的最深刻表现。从表面看去只是机械运动或生活现象的过程，而其内在的真正意义却是意志。正如我们曾经认为只是木石的，其真正意义则是慈悲圆寂的佛像或神气活现的天兵天将。所谓自然乃是意志的表现，因此我们可以通过自我的意志掌握深奥的自然真意。当然，如果将现象划分内外，将精神现象同物体现象视为完全不同的现象时，上述观点也许只会被视为空想，但是直接经验的具体事实并无内外之分，所以此种看法却是直接的事实。

科学家把物质的机械运动和有机体的合乎目的性看作是与意志根本相同、作用相同的此种见解，和上述见解是一致的。但是二者的根本所在却恰恰相反。一个把物质力量当作根本，另一个却把意志当作根本。

据此，虽然前面曾将行为分析成意志和动作两个方面，但是两者间并不存在因果关系，而是同一物的两面。动作为意志的表现。亦即从外部看是动作的东西，从内部看就是意志。

第三节　意志的自由

从心理上看，意志只是意识中的一个现象而已。但从其本体上看，却是实在的根本。我们已经论述过该问题，现在看看意志在何种情况下才能自由活动？关于意志究竟是自由的还是必然的追问，一直以来就让学者们深感痛苦。现在加以讨论不仅在道德上是重要的，而且可以由此阐明意志的哲学性质。

首先，从我们的一般观点讲，没有一个人不认为自我的意志是自由的。以自我所经验的自我意识讲，在某一范围内，既可以做某件事情，也可以不做它。就是说，它在一定范围内是自由的。因此才产生了负责任、不负责任、自负、后悔、赞赏、为难等想法。但是我们有必要对一定范围加以阐述。凡是属于外界的事物，我们就不能自由加以支配。就连自我的身体也不能在任何情况下都自由地加以驱使。自由肌的运动看来是自由的，但一旦得病就不能再自由活动了。因此所谓可以自由驱使不过是自我的意识现象。不过即便是自我意识之内的现象，我们也没有重新创造观念的自由；甚至对一度经历过的事情也没有随时唤起回忆的自由。真正可以认为是自由的，只有观念结合的作用：即如何分析观念，如何综合观念才是属于自我的自由。当然即使在此情况下，观念的分析综合也有着不可动摇的预设规律，并不能为所欲为。并且观念间的结合是唯一的，或某种结合特别强的时候，我们必须要服从此种结合。只有在观念成立的预设规律范围之内，而且在观念结合上有两种以上的结合途径，它们的结合强度又不是强迫性的时候，才有完全的选择自由。

自由意志论的主张者多数是以这种内在经验的事实为根据而立论的。他们认为，在上述范围之内，选择并决定动机纯属我们的自由，除我们之外别无其他理由。并认为此种决定来源于一种同外物或内在气质、习性、性格相独立的意志的神秘力量。亦即认为在观念结合之外，还有一种支配它的力量。相反，主张意志必然论的人，基本上以外界事实的观察为根本并由此进行推论。他们主张，宇宙现象没有任何是偶然发生的，就连极其微小之事若是详加研究也有其自身的缘由。此种观点是一切学术的根本思想，而且随着科学的发展越发地坚定笃实。自然现象中那些一贯被认为神秘莫测之物，现在其因果来由也相继明朗起来，达到可以用数学来计算的地步。时至今日如果说还有没有来由的东西的话，恐怕就只是我们的意志了。不过，意志也是难以脱离这个不可动摇的自然规律的。今天我们认为意志是自由的，这毕竟是因为科学的发展尚待成熟，还不能将事物因果一一辨明。不仅如此，即使意志的动作，在各种情况下，似乎是很不规则的，看上去好像没有什么原因；但如果用统计的方法去考察多数人的动作，就会发现它竟然出人意料地井然有序，决不能认为这其中没有一点因果关系。这些想法使我们更加相信意志是有来由的；使我们得出这样的结论：我们的意志和一切自然现象一样受着必然、机械的因果定律支配，此外，世界上并没有意志这种神秘力量。

那么，在上述相反的两个论点中，哪一个才是真理呢？如前所述，极端的自由意志论者认为既没有任何原因，也没有任何理由，只有一种自由决定动机的神秘力量。但是如果在这种意义上主张意志自由，就又陷入错误了。在我们决定动机时，总要有一定的理由。纵然此种理由没有明显地出现在意志之上，但在意志之内也一定有某种原因存在。此外，如果像此种论调的支持者所说的那样，决定动机的没有任何理由，纯属偶然的话，那么我们在此时就不会感到意志的自由，相反，可以认为是偶然发生的事件从外部进行活动的，因而对其的责任感是淡薄的。自由意志论者说他们是以内在经验为基础而立论的，但是内在经验却证明了相反的事实。

以下将对必然论者的观点略加批判。他们认为自然现象受机械的必然规律所支配，因而意识现象也不例外。此种论点向来是以以下假定为依据的：意识现象和自然现象是同一的，必然受同一规律支配。可是此种假定果真正确吗？意识现象与物体现象是否受同一规律支配还是未知数，建立在此种假定上的论点就不能不说是十分脆弱的。即使今天的生理心理学已经非常进步，可以运用物理化学的方法来一一解释作为意识现象基础的脑的作用，可是能否就此认为意识现象必然受机械自然规律所支配？例如组成一座铜像的材料的铜是不能脱离机械的自然规律的支配的，但是此铜像所表现的意义难道不是超乎自然规律的支配之外吗？精神上的意义是一种看不见、听不见、不可计数的东西，因而应该说是超然于机械的必然规律之外的东西。

总之，自由意志论者所说的那种完全没有原因和来由的意志是无处可寻的。而那种偶然的意志是绝对不会使人感到自由的，反而有压迫感。当我们根据某种理由进行活动时，就是根据自我的内在本质进行活动，反而会感到自由。也就是说在自我的最深的内在本质产生动机时我们才感到最自由。然而这种所谓意志的理由并非自然论者所说的机械的原因。我们的精神方面有其自身的活动规律。当它根据自身的规律活动时，才是真正的自由。自由有两种含义：一种是完全没有原因的，即与偶然有着同样意义的自由；另一种是不受外物的束缚，自动活动的自由。这才是必然的自由。所谓意志自由是指后者而言。不过此处将会产生接下来的问题：如果认为根据自我的性质进行活动才是自由，而万物无不依从自我的意志活动，如水的流动、火的燃烧等；那么，为何要把别的活动视为自然，而仅仅把意志当作自由的呢？

所谓的自然界中，某一现象的发生都是根据其特定情况受到严格规定的。根据某种特定情况，只能产生某种特定现象，其他可能性则绝无可能存在。自然现象都是这样按照盲目的必然规律发生的，而意识现象却不只是发生了的，也是被意识到了的现象。也就是不仅发生，而且自我对其发生已然知情。这里所说的意识或者知情就包含了其他可能性的意味。例如我们意识到拿一件物品，在其背后就包含着

“不拿”这种可能性。细化地讲，艺术必须具有一般的性质，即意识具有理想的因素，否则就不是意识。所谓具有这些性质，就是在现实的这类事件之外还有其他可能性。既是现实，又包含理想；既是理想，又不离开现实。这就是意识的特点。实事求是地讲，意识绝对不受他物的支配，而是常常支配他物的。因此，尽管我们的行为按照必然规律发生但是由于我们对它知情，所以并未受其束缚。从作为意识基础的理想来看，此种现实只是理想的一个特例而已。不过是理想的一种自我实现的过程。此种行为并非来自外界，而是出自内部。并且正是因为将现实仅仅看作理想的一个特例，这就意味着除此之外还包含着更多的可能性。

因此我们说意识自由，并非因为其打破自然规律而随机地进行活动，相反，之所以说它自由是因为它顺从自我的自然。也就是说，并不是毫无理由地进行活动就是自由，倒是因为了解并把握理由才能自由。随着知识的进步，我们越来越可能成为自由的人。人们虽然受到外物的抑制或局限，但是因为能够认识它，所以我们可以逃离于压制之外。如果能进一步洞察到它必然的原因，就可以反客为主，化压制为自由。和毒杀自己的雅典人相比，苏格拉底才是真正的自由人。帕斯卡尔也说：虽然人类像芦苇一样脆弱，但是人是能思考的芦苇；纵然整个世界都想消灭它，但是由于它知悉自己的死亡，所以它比杀人者更为高尚。

如“实在”一章所述，作为意识根基的理想要素，即统一作用此物，并非自然的产物，反之自然却是通过此种统一而成立的。这实际是因为作为实在根本的无限力量是不能用数量来限定的。这是完全存在于自然的必然规律之外的。我们的意志正是此种力量的表现，所以是自由的，不受自然规律的支配。

第四节　价值上的行为研究

观察现象或事件的发生都可以从两点出发：一是探究怎样发生的以及为什么一定是这样发生的缘由；二是研究它为什么而发生，即发生的目的。假如问一朵花是怎样产生的，就一定要说它是根据植物本性及周围环境的情况按照物理化学的规律而产生的；若问它为何发生，就会说是为了开花结果。前者只是研究物的成立规律的理论研究；后者才是研究物的活动规律的实践性研究。

在所谓无机界的现象里，虽然有为何发生的问题，却没有为了什么而发生的问题，也就是说，毫无目的可言。但是在这种场合也可以说目的、原因是同一的。例如，台球桌上的台球被某种力量、朝某一方向打去，台球必然会朝一定方向转去，但此时球是没有任何目的的。或许打球者抱有某种目的，但这并非球本身的内在目的，因为它是由于外界的原因而必然地被转动的。但从另一方面去想，正因为球本身有那样的运动力，它才会朝着某一方向转动。从球自身的内在力量角度看，也可以把它看成是实现自我的合乎目的的作用。进一步以动植物来说，随着自我内在目的的越发明显化，其原因和目的就可以被区别开来。在动植物身上发生的现象是以从物理化学的必然规律产生的，同时并非完全没有意义的现象，而是以生物整体的生存和发展为目的的现象。在此种现象中，作为某种原因的结果而发生的未必合乎最初的目的，整体的目的有时与局部现象相冲突。那么究竟什么现象最符合目的呢？为了解答这个问题，我们就要研究现象的价值。

生物现象中，如果只把它的统一目的看作人类从外部强加的想象而予以抛弃也不是不可能的。即也可以把生物现象只看成是若干力量积聚而成的无意义的结合。唯独我们人类的意识现象绝对不能那样看待。我们的意识现象从始至终都不是无意义因素的集合，而是统一的一体活动。如果从思维、想象、意志的作用中撇去其统一活动，这些现象就等于被销蚀殆尽。首先要研究的与其说是怎样发生的问题，不如说是怎样思考、怎样想象和应该如何做的问题。正是从这里产生出逻辑、审美、伦理的探究。

在学者中也有人企图依据存在的规律引申出价值的规律。但是我们认为，单单凭由一事物产生另一事物的现象是无法引申出判断事物价值的规律来的。红花结出这样的果实，蓝花结出那样的果实，从此种因果规律并不能说明为什么这花比那花好看，也不能说明这一种具有很大的价值，另一种却没有。要判断它们的价值就必须另外具备可用作标准的原理。我们的思维、想象、意志之类的东西，作为事实发生以后，无论多么荒谬的思维，多么差的意志或者多么蹩脚的想象都是依据一定原因产生出来的。杀人的意志也好，救人的也好，都是由于某种必然的原因而产生的，又产生必然的结果。在这点上二者毫无高下之分。只是因为这里存在着良心的要求以及生活欲望之类的标准，才在这两种行为之间产生优劣的天壤之别。有人诠释到一切给人们带来巨大欢乐的就具有大的价值，从而认为可以从因果规律中引申出价值规律。但是有时为何某种结果给我们带来欢乐，而另外某种就不能呢？这不是仅仅用因果规律所能解释得了的。我们喜爱什么、厌恶什么，这都是另外具有根据的直接经验的事实。心理学家说增强我们生活力量的就是快乐。可是为什么增强生活力量就是快乐呢？厌世者不是认为活着即为痛苦吗？也有人认为，有力量的就是有价值的。可是对人心来说，究竟什么是最有力量的？我们恐怕不能说在物质上最有力量的在人心上也是最有力量的。对人心最有力量的东西是最能引起我们欲望的，即是对我们最有价值的东西。因此不是根据有力量与否去决定价值，而是价值去决定是否有力量。我们对一切欲望和要求都是不能说明的、是被赋予的现实。我们为了生存而进食；实际上所谓为了生存的目的其实是后加的说明。我们的食欲并非依据此理由而产生的。婴儿最初开始吃奶也不是由于这种理由，只是为了吃奶而吃奶。我们的欲望或要求不仅是不能这样加以解释的直接经验的事实，而且反而是我们要借助来去理解实在真相的法宝。要想完全说明实在只说明它是怎样存在是不够的，还必须说明它为什么存在。

第五节　伦理学各学说（一）

以上已经论述了关于价值的研究，现在来探讨一下什么是真正的善。如上所述，我们要对自我的行为进行价值判断，那么此判断的标准究竟在何处？什么行为为善，什么行为为恶？这些伦理学上的问题对我们来说十分重要。任何人都不能不过问此种问题。不论在东方还是在西方，伦理学都是最古老的学问之一，而且自古以来伦理学就有各种学说，因此我想先列举这些学派的主要纲领并加以评判，以便表明我在伦理学上所坚持的立场。

自古伦理学大致可以划分为两种：一种叫作他律的伦理学，即把善恶标准建立在人性之外的权力上；另一种叫自律的伦理学，即想在人性之中寻求善恶的标准。此外还有一种直觉论，此说种类很多，有的可以划归他律的学说中，有的必须纳入自律学说中。我们先从直觉论开始，再渐次论述其他学说。

直觉论的种类繁多，其要义是：衡量我们行为的道德规律在直觉上是明显的，并不是另外有什么理由。关于什么行为是善，什么行为是恶的问题就像知道火是热的，水是凉的一样，可以直觉地知道；行为的善恶是行为本身的性质，并不是可以说明的。的确，从我们的日常经验看，判断行为的善恶并非辗转反复地去思考其理由，而是大概地加以直觉判断。由于有良心存在，正如眼睛可以判断美丑一样，良心就能立即判断出行为的善恶。直觉论正是以此为依据的，所以它是最接近事实的学说。此外，不允许用理由来说明行为的善恶这在维护道德的威严上是很受用的。

尽管直觉论简单，在实践上也卓有成效，但是作为一种伦理学说，它的价值究竟多大是值得研究的。直觉论者所说的直觉上是明显的这一点，并非人性的最终目的，而是行为的规律。当然，在直觉论中也有两派分歧观点：一种认为在所有场合一切行为的善恶在直觉上是明显的；另一种认为包括每个道德判断在内的根本道德法则在直觉上是明显的。不管哪种观点，都是认定某种直接自明的行为规律，这正是直觉论的灵魂所在。但是在我们对日常行为所下的道德判断，即所谓良心的呼声之内，果真能够找出如直觉论者所说的那种直觉自明、进而正确、和谐的道德法则吗？先就个别场合看，显然那样明确的判断只是海市蜃楼。我们有时难以判断善恶，有时，先以为是，后又推翻为非；即使在同一场合，不同的人对善恶的判断也会大相径庭。因此，所谓在所有场合中都有明确的道德判断的说法终究不是略有智商的人所能得出的结论。那么在一般情况下是怎样的呢？果真有直觉论者所说的自明的原则吗？第一，所谓直觉论者所标榜的自明原则，是因人而异、绝非始终如一的，这就证明那种所谓的自明原则的虚幻。不但如此，就是世人所公认的自明的义务中，也找不到一条这样的原则来。例如，忠孝原本是理所当然的义务，但其中也有各种矛盾和变化，究竟怎样做才是真正的忠孝绝非三言两语能明确概括的。再说“智、勇、仁、义”的意义，究竟什么样的“智”才是真正的“智”，什么样的“勇”才是真正的“勇”呢？不能说一切智勇都是善，因为有时它们反而会助长恶势力。其中，仁义是最接近自明的原则的，但也不能说仁在任何情况下都绝对是善，不恰当的仁反而会产生恶的后果。就正义而言，何为真正的正义也不是不言自明的。但就待人接物来说，究竟怎样才是正当的呢？我们不能说每个人单纯地一律平等就是正义，倒是根据每个人的价值来区别对待才是真正的正义。如果根据每个人的价值来区别对待的话，那么决定此种对待的标准又是什么？总之，在我们的道德判断上，直觉论者所谓的自明原则纯属无稽之谈。有时候甚至可以视为自明原则之物却不过是内容空洞、重复赘余的假命题而已。

如上所述，直觉论就像它所主张的不可证明的善恶直觉一样，作为一个学说来讲价值就微乎其微了。但如果我们假定有那种直觉，并且认为遵循由此假设的规律就是善，那么就来探讨一下直觉论究竟将是怎样一种心理学说？所谓纯粹直觉，应该诚如直觉论者所言，既不能通过理性加以证明，也同苦乐的感情、好恶的欲求无关而完全是一种直接的、无意义的意识。如果认为遵循这种直觉是善，对我们来说，善就是毫无意义之物，而我们顺从于善就等于说是盲从，即道德规律成为从外在强加给人性的压制。这样，看来直觉论者必然和他律学派主张相同了。然而多数直觉论者并非在上述意义上主张直觉的。有人将直觉和理性等同视之，即道德的根本规律是通过理性而自明的。但是如果这样说，善就是遵循于理的，因而善恶之别不是通过直觉辨明的，而是通过理来说明的。还有一些直觉论者将直觉和直接的愉快不快以及好坏等量齐观。但是如果这样认识，就会觉得只是因为善能够给予一种快乐或满足才成其为善，此时善恶的标准就变成快乐和满足的多寡。这样因为对直觉一词的解释而使得直觉论接近于其他种种伦理学说。当然，纯粹直觉论所说的直觉必须是指完全无意义的直觉，而这种伦理学说与他律的学说相雷同，并不能说明为何我们要遵循于善。这样道德的根本便完全成为偶然的、无意义的东西。本来在我们实际所说的道德直觉中包含着各种原理。其中既有借助其他权威而来的他律原理，也包含来自理性的以及由情感和欲望而来的原理。这就是所谓自明的原则陷于种种矛盾和冲突的原因。很明显，用这般混杂的原理来构成学说可谓滥竽充数。

第六节　伦理学各学说（二）

以上揭示了直觉论的残缺性，并且谈到由于对直觉的意义解释不同可以引申出各种学说。现在就来探讨他律的伦理学，亦即权力论。该学派认为我们所说的道德上的善，一方面与自我的快乐满足这些人性要求旨趣不同，而着眼于具有严肃命令的此种意义；由于道德是从对人类有着巨大威严和势力的命令中产生的，因此我们所以服从道德规律并非为了一己的利害得失，只是顺从此种巨大权力的命令而已，从而善和恶都是由此权力所有者决定的。由于我们一切道德判断的根本都是前人的经验教训和法律、制度、习惯所培养的，所以此种学说的产生也是有一定道理的。此学说恰好以外界的权威代替了上文直觉论中良心的命令。

当然，按照此种学说，被认定是外界权力者的必须是本身对我们具有巨大威严和势力的事物。在伦理学史上出现的权力论有两派：一是以君主为根本的君权权力论；另一种是以神威根本的神权权力论。神权伦理学盛行于基督教拥有无上势力的中世纪，斯科特等就是主张此种学说的。他说：神，对我们具有无限的势力，而且神完全自由。神既非因善而发号施令，也非为理而欲有所作为；神完全超乎这些束缚之外。不是因为善神才发号施令，而是由于神发号施令才成为善。斯科特将此种观点推上顶峰，以至于说如果神命令我们杀戮众生，则杀戮也将成为善举。此外，主张君权权力论的是近代初的一个人—霍布斯。他认为，人性全然是恶，弱肉强食才是自然本色。要想摆脱由此发生的人世不幸，唯有将每个人的一切权力委托给一个君主并绝对服从他的命令。因此他说，无论怎样服从君主的命令就是善，违背命令即为恶。此外，中国的荀子服从先王之道就是善，也是权力论的一种。

从上述权力论的立场加以严密论述，能得出什么结论呢？权力论不能说明我们为何应当行善，其实不能说明才是权力论的本意。我们只是因为它是权威就服从它。如果说为了某种理由而服从，就已经不是为了权威本身而去服从，就变成了理由而服从。有人说恐惧是服从权威最适宜的动机。但恐惧背后却包含着自我的利害得失。如果为了自我的利害而服从，那就又不是为了权威而服从。霍布斯等人正是因此而脱离了纯粹权威论的立场。近来对权威论进行十分有趣的解释的基尔希曼认为，当我们接近高山、大海之类拥有伟力的事物时，受到其巨大能量冲击时，自然会产生感动震惊之情；这种油然之情既非恐惧亦非痛苦，而是使自我成为其俘虏、陷于五体投地的状态。假如拥有伟力之物具有意志那么一定会自然而然地产生崇敬之感，即将以尊崇的心态去服从其命令，因此所谓崇敬之感就是服从权威的动机。但是仔细想想，就会知道我们所以尊敬他人并非全无原因，而是因为此人达到了我们所不能的理想，我们才尊敬他。因此并非单纯地尊敬此人本身，而是尊敬其理想。对鸟兽而言，释迦牟尼或孔子都是一文不值的。因此，从严格的权威论来看，道德必然是全然的盲从。恐惧也好，崇敬也好，都必然是全无意义的盲目的感情。伊索寓言中有这样一个故事：一天，小鹿看到母鹿被狗叫声吓得跑开了，便问道，妈妈的身体那么大为什么听到小小的狗叫声就吓得落荒而逃呢？母鹿回答，不知道为什么只是因为对狗叫声莫名地感到害怕所以就逃跑。可以认为，这种无意义的恐惧才是权力论中最合适的道德动机。如果真是这样，就会产生以下的后果：道德和知识正好相反，无知之人才是最大的善人，从而如果要求人类进步，就需要尽早从道德的束缚中解脱出来。并且任何善行如果没有服从权威命令的含义，虽然是根据自我领悟认为该做才做出的举动也不是道德上的善行。

按照权威论的说法，这样不但不能说明道德动机，而且使所谓道德法则也变成无意义之物，从而区别善恶就全无标准了。如果说我们只是因为权威就盲目服从，权威却是各种各样的。既有暴力的，又有高尚精神之权威。由于不论服从哪一种都是服从权威，所以就应当说两者是等效的。也就是说，善恶的标准完全无法确立。当然，也可以假定将力量的大小强弱作为标准，但是那也只在我们确定了理想之后才能涉及的。耶稣和拿破仑究竟谁强，只能根据我们的想法来确定了。如果只把具有在世的力量之人当作最有力者，也就是最权威者的话，那么有暴力的人就是最有力量的人了。

如西行法师所吟咏的："不知为何，恸然落泪"，道德的威严实际上存在于莫测细微处。权威论曾经着眼于此点，虽然有它真理的一面，但因此而完全忽视人性自然的要求，这是最大的缺点。道德在人性自然上是有其依据的，所以必须从人性的内部来说明为何行善。

第七节　伦理学各学说（三）

如上所述，他律伦理学无论如何也不能说明我们为何要行善。这样就彻底取消了善的意义。因此我们不得不从人性中寻找道德的基础。进而对于何为善以及为何行善这些问题也必须依据人性来解释。此种伦理学即是"自律伦理学"，共有三类：一种以理性为基础，叫作"唯理论"或"唯知论"；一种以悲欢之情为根本，叫作"享乐主义"；最后一种则是以意志活动为根本，叫作"活动主义"。我们先从唯理论开始。

所谓唯理或唯知的伦理学，将道德上的善恶正邪与知识上的真伪看作同一。认为物的真相即为善，如果了解了物的真相，应该怎样做就昭然若揭了。由此，我们的义务像几何学定律一样是可以推演出来的。所以对于为何行善的问题，答案就是因为它是真理。人类是具有理性的，正如在知识上必须服从理一样，在实际行动中也不能不服从理（这里值得注意的是"理"在哲学上含义多多，此处指的是一般意义上的抽象概念的关系）。该学说一方面区别于霍布斯所说的"道德法则依据君主的意志而可以被随意操纵”，它主张道德法则是一种物的属性，是一种恒定不变的性质。另一方面，恐怕到我们从知觉或情感的感受中去寻找善恶的根本时，并不能说明道德法则的普遍性，以致削弱了义务的威严，所以不得不以个人的喜好作为唯一标准，故此，试图通过理的普遍性来说明道德法则的普遍性，进而树立义务的威严。此种学说很大程度上和上述的直觉论混淆起来，但所谓直觉并非仅限于理性的直觉，所以最好将二者分别考虑。

笔者认为唯理论的最正宗者是克拉克的学说。在他看来，一切世间之物的关系都像数理一般明确，由此自然可以知道某物是否适宜。例如，同我们相比，神具有无限的优先权，因此，我们必须要服从他；又如，他人对我们所做的不当之事，当自己施之于人时，也必然不当。在谈到人类为何行善时，他认为理性的动物是不能不服从理的。有时他甚至认为，企图违背正义之理而行事的事物，就像企图篡改物之本性的事物一样荒谬，简直是完全混淆了“存在”和“必然存在”。

尽管唯理论试图明确道德法则的普遍性并将义务严肃起来，这是值得肯定的，但根据此种理论并不能阐明道德的全貌。指导我们行为的道德法则，果真像唯理论者所说的那样，能够运用形式的理解力来先知万物吗？纯粹形式的理解力和逻辑学的所谓思维规律一样，只能给我们形式上的理解法则，而不能提供任何内容。唯理论者喜欢拿几何学举例，但即便在几何学中成为公理的规律也不是只通过形式上的理解力才得以明确的，而是依据空间的性质而产生的。几何学中的演绎推理把逻辑法则运用到了空间性质的根本直觉之中。同样，在伦理学中，当根本原理已经确定并想应用它的时候，虽然也必须依据逻辑法则，但此种原则本身并非通过逻辑法则才得以明确。例如，要爱你的邻居这样一条道德法则，是否是单纯地依据理解力而明确起来的呢？我们既有爱他的本质，也有爱己的本质。为何一个占上风，一个占下风呢？决定它的不是理解力，而是我们的感情或欲望。即使我们能够单纯从认识上认识物的真相，但不能由此而知道什么是善。我们是不能从“知其然”进而“知其所以然”的。虽然克拉克说过，通过物的真相可以知道适宜与否，但适宜与否依然不是知识上的判断，而进入了价值的判断。事实是，必须有所欲求，才能产生适宜与否的判断。

其次，唯理论者对于我们为何要行善的说明是因为我们是理性的动物，所以必须服从理。明理之人当然要在知识上服从理。但是单纯的逻辑判断和意志选择并非截然不同。逻辑的判断未必是意志的来由。意志产生于感情或冲动，并非单纯产生于抽象的逻辑。所谓“己所不欲，勿施于人”，如果没有同情此种动机的话，它对我们来说就毫无意义了。如果抽象的逻辑能够直接变成意志的动机的话，那么最善于推理的人就可以说是最善良之人了。然而事实与此相反，谁也不能否认有时无知之人比有知之人更加善良。

克拉克作为唯理论的代表人物，只在理论方面，在实践方面的代表恐怕非犬儒学派莫属了。此学派以苏格拉底将善与知同等看待的观点为基础，认为一切情欲声色都是罪恶，只有克服它们并顺服纯理才是唯一的善；而且他们所说的理只是针对反对情欲而言的，是一种空洞无物的消极之理。亦即认为道德的目的只是为了情欲声色、保持精神的自由。著名的第欧根尼就是此学派忠实的信仰者。继此之后，又有斯多葛学派主张同一主义。根据他们的说法，宇宙万物受唯一的理所支配，人的本质也不能超越此理，服从理就事服从自然规律，此乃人生唯一之善；生命、健康、财产不是善，贫苦、病老也不是恶，唯有内心的自由和宁静才是无上的善。其结果与犬儒学派相同，排斥一切情欲，一心为实现无欲而努力着。艾匹克太多就是一个典例。

当上述学派将完全反对情欲的纯理当作人性的终极目标时，正像在理论上对道德没有任何裨益的动机一样，在实践上也不能提供任何积极的善的内容。这样，就只能像犬儒学派哲学家和斯多葛学派所主张的那样，唯有克服情欲才是唯一的善。但我们主张必须克服情欲是因为我们有要追求的更大的目标。如果仅仅认为为了克制情欲而克制它就是善的话，恐怕没有比这还不合理的想法了。

第八节　伦理学各学说（四）

唯理论相比于他律论更深了一步，因为它企图从人性自然来说明善。但是如前所述，如果仅仅以形式上的理性为依据的话，终究是不能说明为何行善这一根本问题的。因此我们尝试着从内心进行深刻地反思就会顿悟意志都是产生于苦乐悲欢等感情。追求快乐并避免不快皆是人之常情，这是不可动摇的事实。例如，舍生取义的行为，表面看来好像完全与追求快乐无关，但是如果洞悉到其内在，其实也仍然是在追求一种快乐。意志的目的终究不外乎是快乐，我们以快乐为人生追求的这一点意见成为不证自明的真理。因此，将快乐作为人性的唯一目的并且想借助此原理在道德上区分善恶的伦理学说的产生就是顺理成章的了。这就是享乐主义。享乐主义有两类：一种为利己的享乐主义；另一种叫作利公的享乐主义。

利己的享乐主义把自我的快乐当作人生的唯一目的，认为即使是为了别人而有所作为也是在满足自我的快乐，所以，自我的最大快乐就是最大的善。此学说的卓越代表人物就是希腊的居勒尼学派和伊壁鸠鲁。阿里斯蒂博主张在肉体的快乐之外还有精神的快乐，但认为无论什么快乐都是相同的，只有大的快乐才是真正的善。而且他也崇尚积极的快乐，但与一生的快乐相比，他更注重瞬间的快乐。因此我们称他为最称职、最纯粹的享乐主义代表人物。伊壁鸠鲁也将一切快乐等同视之，他认为快乐是唯一的善，不管何种快乐，只要能避免痛苦的结果，就不应该加以排斥。但与瞬间快乐相比，他更加注重一生的快乐；与积极的快乐相比，他反而更加推崇消极的快乐，亦即毫无痛苦的状态。他认为最大的善就是内心的平和。但是他的根本主张始终是利己的享乐主义，他认为希腊人所说的四项主要的道德：智慧、节制、勇气、正义也只是作为自我快乐的手段时才是必要的。所谓正义，并非正义本身有什么价值，而只是作为人们之间互不侵犯、分享幸福的手段时才有必要。这种主张在其关于社会生活的见解中更加明显。他认为社会是为了获得自我的利益才有必要存在的，国家只是为了确保个人的安全而存在的，进而认为如果能够回避社会的烦扰，又能获得足够的安全才是最理想之事。依据此种观点，他还力求规避家庭生活。因此他的主张可以称为“隐逸主义”。

下面说说利公的享乐主义，即所谓功利主义。此学说的基础与前者基本一致，所区别的只是不将个人的快乐视为最高的善，而以社会公众的快乐为最高的善。此学说的全面代表是边沁。他主张人生目的就是快乐，除快乐之外再无善。无论何种快乐都是相同的，即快乐没有种类的分别（用固定钓竿来钓鱼的稚子游戏与吟咏高尚诗篇的快乐也是相同的），只有大小之别。我们行为的价值，并非像直觉论者所说的在于行为本身，而要完全由此行所产生的结果来确定。也就是说，产生巨大快乐的行为就是善行。在谈到什么行为是最大的善行时，他根据享乐主义的原则，认为按理说，与个人的最大幸福相比，多数人的最大幸福才是最大的快乐，所以最大的幸福就是至高的善。此外，他还根据此种享乐主义论述了判断行为价值的科学方法。他认为，快乐的价值大体上是可以用数量来计量的，例如，可以根据长短、强弱、虚实等标准来计算快乐的程度。作为享乐主义，他的观点还是很有道理的，唯独一个缺陷是不能说明为何最高的善必然是最大多数人的最大幸福，而非个人的最大快乐。对快乐而言，必须要有感受它的主体，因为有感觉的主体才有快乐。而且此主体无论何时都必然是人，根据享乐主义的原则，为何一定要把多数人的快乐建立在个人的快乐之上呢？也许是因为人们有怜悯之心，觉得自我独乐不如与人同乐更快乐些。穆勒等人也注意到此点。然而即使在这种场合，此种怜悯之心所带来的快乐也不是他人的快乐，而是自我的快乐。这里，自我的快乐依旧是唯一的标准。我们追问道，如果自我的快乐与他人的快乐相冲突时，怎么办？难道从享乐主义出发，一定放弃自我的快乐，去追求他人的快乐吗？这样的话，作为享乐主义的必然结论，也许要像伊壁鸠鲁一样，成为利己主义。边沁与穆勒都极力把自我之乐同他人之乐说成是一致的，我却认为这种情况终究不能在经验的事实上找到证明。

以上大致论述了享乐主义的主要观点，现在我们来评判一下。首先，即使承认作为假定的享乐主义根本的快乐是人生的唯一目标，可是我们果真就能够通过享乐主义获得充分的行为规范吗？从严格的享乐主义观点看，无论什么快乐都必须是同类的，只存在大小和多少的差异。但如果快乐有各种性质上的差别，从而其价值也有所不同的话，那就不得不承认在快乐之外还有确定价值的原则，因此，就与快乐是确定行为价值的唯一原则的主张相矛盾了。边沁的继承者穆勒承认快乐有着各种质上的差别，认为两种快乐的优劣高下是可以由能够同样经历两种快乐的人容易地加以判定的。例如，任何人都因为希望成为苏格拉底而有些失落，也不会因为希望成为猪而得到满足。他还认为这些差别是从人的尊严感产生的。但是穆勒这种观点显然背离了享乐主义的立场。从享乐主义出发，不论一个快乐比另一个小多少，都不能说一个比另一个更为高尚。这样看来，按照伊壁鸠鲁和边沁等人的见解（快乐完全是相同的，只有数量上的差异），那么又如何能够确定快乐的数量关系，并依据它来确定行为的价值呢？阿里斯蒂博和伊壁鸠鲁只是说可以根据知识来进行判别，并未提出明确的标准。只有边沁像上述那样，详细地论述了此项标准。然而，快乐的感情这种东西即使在同一个人身上也是也是很容易随着时间和场合发生变化的；一个快乐是否在强度上胜过另一个快乐是很不确定的。而且要确定什么样的强度相对于什么样的持续程度也是极其困难的。既然确定同一个人的快乐的尺度尚且如此困难，可见像利公的享乐主义提出的连别人的快乐也要计算出大小来的主张，其难度可想而知。通常认为精神上的快乐高于一切肉体上的快乐，如名誉比财富更重要，多数人的快乐比自我一人的快乐要高尚，似乎快乐的价值就此传奇般地被确定下来。但是此种标准是从各方面加以观察形成的，绝不能设想它是根据单纯的快乐的大小而确定的。

以上我们将享乐主义的根本原理当成正确的东西进行了论述，即便如此，要想根据快乐主义来获得确定我们行为价值的真正规范也是相当困难的。接下来我们进一步探讨此学说的根本原理。此学说的根本假定是所有人都希望快乐，快乐是人生的唯一目的，这也是普通人所常说的。但如果稍加思考，便会意识到它绝不是真理。首先，我们不得不承认人在利己的快乐之外还有高尚的他爱或理想的憧憬。例如，无论是谁，心里都多少隐藏着这样的想法：即宁愿压抑自己的欲望，也要把东西送给所爱之人；又或宁肯牺牲自己，也要实现理想。有时这些动机显示出强大的力量，往往使人猛然间不顾一切地做出壮烈的牺牲行为。可见享乐主义者所说的，人类全然是在追求自我的快乐的论点看似是透辟的真理，其实已经远远地背离了事实。当然，享乐主义者也并非完全不承认这些事实；他们认为，人们所以有这些欲望并且因此而不顾一切地自我牺牲，也是为了满足一己的欲望。然而，即使无论任何人、无论任何场合之下都在寻求自我欲望的满足的观点尚属实情，但我们仍然不能说寻求欲望满足的人就是寻求快乐的人。不管包含多少痛苦的理想，在能够实现之时一定会带来满足的快感。此种感觉虽然也是一种快乐，却不能因此就说它一开始就是行为的目的。可见，我们要想产生满足的快感，必须先有自然的欲望。即只因为有了这种欲望才能通过实际行为产生满足的快乐。如果认为因为有了此种快感，一切欲望就是以快乐为目的的，就把原因和结果混淆了。人类先天就有着他爱的本能。正是基于这个缘故，他爱就给予我们无限的满足。但是并不能因此就说，人类是为了寻求自我的快乐才去爱他的。如果有丝毫寻求自我快乐的想法，就绝不能从爱他的感情中获得满足的快感。不仅爱他的欲望如此，就连那种爱己的欲望也不是单纯地把快乐当作目的的。以食色的欲望为例，与其说他们是以快乐为目的，不如说他们是受先天的本能驱使而必然发生的。饥饿中的人反而会因为有了食欲而悲伤起来，失恋者反而会忌恨坠入爱河者。假如人们以快乐为唯一目的的话，也许任何事物都不会像人生那般充满矛盾了，因此，倒是断绝了人类的一切欲望才是追求快乐的正道。伊壁鸠鲁将摆脱一切的状态，即内心的平静当作最大的快乐，反而和建立在完全相反的原理上的斯多葛学派的理想如出一辙，道理就在于此。

然而有的享乐主义者却认为：即便是我们今天具有不以快乐为目的的自然欲望，但由于在个人的一生或生物进化过程中，习惯会变成第二天性，所以原属有意识地寻求快乐的行为也变成无意识的了。也就是说，不以快乐为目的的自然欲望原本是获得快乐的手段，但由于习惯而变成了目的本身（穆勒等人常以金钱为该观点的典例）。的确，我们的欲望中也会有由于心理作用而变成第二天性的。但是不能说不以快乐为目的的欲望都是通过这种过程产生的。我们的精神和我们的躯体一样，天生就是活动着的，具备各种本能的。这与小鸡生来就会捡拾谷粒、小鸭生来就会游水是一样的道理。可是这些本能果真都是根据遗传、由原来有意识的行为变成无意识的习惯的吗？按照今天的生物进化论来说，生物的本能绝非是通过这个过程产生的。本来是生物的卵所具有的能力，由于适应条件的生存了下来，终于达到了传承某种特殊本能的地步。

如上所述，享乐主义比唯理论更接近人性之自然。但是根据此种学说，善恶的区别只能由苦乐悲欢的感情来决定，而不能提供准确的客观标准，当然也不能说明道德上善的强制性。不仅如此，把快乐当作人生唯一目的的这还不能说是真正符合于人性自然的事实。我们是不能仅仅因快乐而满足的。如果真的有那种仅以快乐为目的的人，他就是与人性背道而驰的人。

第九节　善（活动主义）

我们已经探讨了关于善的各种观点并指出了它们的不完善之处，这样，善的真意所在就自然清楚了。那么到底要到何处去寻找作为我们意志目的的善，亦即我们行为的价值规范？正如在论述判断价值的基础时所说的，一定要从意识的直接经验去寻找该判断的基础。所谓善，只能从意识的内在要求来说明，而不能从外部进行。单凭事物的现状或者发生原因是不能说明为何必须是这样的道理的。真理的标准归根结底在于意识的内在必然性。奥古斯丁和笛卡尔等人退回到最根本之处来思考，他们都是由此出发的；与此相同，善的根本标准也必然由此寻求。然而，他律伦理学却想从外部来寻找善恶的标准。这终究不能说明为什么必须要行善？唯理论者想从意识的内在作用之一的理性来确定善恶的价值，虽然是比他律伦理学稍有进步，但是理并不能确定意志的价值。正如赫夫丁所说，意识以意志的活动发端，又以此为终点，意志是比抽象理解的作用更为深刻的事实。并非后者引起前者，而是前者决定后者。那么享乐主义是如何看待的呢？除了一些程度上的差异外，它将感情和意志几乎等同视之。但是，快乐倒的确是由于意识的先天要求得以满足而实现的，因此，必须承认所谓冲动和本能等先天要求，相比于愉快与否的感情，是更加根本性的问题。

这样我们就会明白，必须从意志自身的性质出发才能说明善为何物。意志是意识的根本统一作用，同时又是实在的根本统一力的表现。意志并非为他的活动，而是为己的活动。因此，只有从意志的自身中去寻找确定其价值的根本。关于意志活动的性质，正像在讨论行为的活动性质时所说，在它的根基处有着先天的要求（意识的要素）。它在意识之中作为目的观念而出现，并通过它来进行意识的统一。在此种统一完结之时，亦即理想实现之时，我们就产生满足之情，反之，则会心生不满。确定行为价值的主要就在于此种作为意志根本的先天要求，因此，当我们完满地实现了此种要求时，亦即实现我们的理想时，其行为就被视作善而受到称赞，反之，则被当作恶而受到责难。所以，所谓善，就是我们的内在要求即理想的实现，也就是，意志的发展圆满完成。建立在此种理想之上的伦理学就叫作“活动主义”。

此种学说从柏拉图和亚里士多德开始。尤其是亚里士多德曾经根据此种学说归纳出一种伦理。他认为人生的目的就是幸福。但是，要达到此种目的的途径不是追求快乐，而是实现完满的活动。

世上有很多道德家忽视了这一活动方面。主张什么所谓的义务或者法则，一味地将压抑自我的要求和束缚活动当作善的本性。当然，我们并非完人，所以往往由于不理解活动的真意而误入迷途，因此，产生此种倾向也是在所难免。但是正是因为有着责无旁贷的更大要求要去追求，才有了抑制较小的要求的必要；只是一味地抑制要求，却反而违背了善的本性。虽然，善还具备强制的威严性，自然的偏好才是更加必要的性质。所谓道德的义务或法则，其价值并不在于义务或法则本身，相反，其价值产生于更大的要求。由此可见，善和幸福不但不互相冲突，反而可以如亚里士多德所说的那样，善就是幸福。我们在满足了自我要求或者实现了理想之时，总是沉浸于幸福中的。在善的背后，一定还伴随着幸福的感情。但却并非像享乐主义者所说的，意志是以快乐的感情为目的的，因此，快乐即为善。事实是，快乐与幸福相似，但又有所不同。幸福可以由满足获得，满足则是由理想要求的实现而产生的。孔子曾言："饭疏食饮水，曲肱而枕之，乐亦在其中矣。"正是这样，有时我们身陷痛苦之中，仍旧可以享受幸福。真正的幸福反而是源于严肃理想的实现。世人往往将自我理想的实现亦即自我要求的满足等等与利己主义、随性主义等量齐观。然而，对我们来说，自我内心深处要求的呼声才是威力无比的，因为它是人生中最庄严的东西。

如果将善视为理想的实现和要求的满足，那么此种要求或理想是由何处产生的，善又是什么样的东西？意志为意识的最深刻的统一作用，即自我本身的活动，因此，作为意志来由的本来的要求或理想总是产生于自我本身的性质，也可以说是自我的力量。我们的意识，无论在思维还是在想象上，也无论是在意志上，还是在所谓知觉、感情、冲动上，在它们的根基处都存在一种内在的统一之物在活动着，所以意识现象都是此统一之物的发展与完满。同时，对此整体进行统一的最深刻的统一力就是所谓的自我，意志是最能表现出此种力量的。由此可见，意志的发展完满，就是自我的发展完满，因此可以说善就是自我的发展完满。也就是说，我们的精神发展出各种能力，能达到圆满成熟的就是最高的善（即亚里士多德所说的圆满实现就是善）。竹即为竹，松即为松，正像它们各自充分发挥其天性一样，人发挥人的天性就是人的善。斯宾诺莎也曾经说过，所谓"德"不外乎是顺从自我固有的天性而活动的意思。

此种善的概念更接近于美的概念。所谓美，是在事物按照理想而实现时所获得的感受。所谓像理想一样实现，就是指这一事物发挥其自然本性而言。所以，正如花朵在展示其本性时是最美丽的，人在展露其本性时便达到了美的顶峰。善就是美。例如，某种行为本身即使从宏观的人性要求来看没有什么价值，但是当此种行为真的是出于一种天性的自然行为时就会引起一种美感，同样，在道德上也会产生一种仁爱之情。希腊人就将美和善等同视之。这种倾向在柏拉图的思想中表现得最为明显。

从另一方面来看，善的概念与实在的概念也是相一致的。如上所述，某一事物的发展完成是一切实在成立的根本形式，所以，无论精神、自然或是宇宙都是建立于此种形式。由此可见，我们所探讨的作为自我的发展与完成的善，就是指服从自我的实在规律而发展；也就是说，同自我的真正实在相一致的便是最高的善。那么，道德规律也将被涵盖在实在的规律之中，善也就可以用自我的实在本相来加以说明了。所谓构成判断价值的基础的内在要求与实在的统一力实际上是同一个东西，并非不同之物。所以，将存在和价值分开而加以思考的方法，是来源于把知识对象和情感对象分离开的抽象作用，而在具体的真正实在上，此二者原本同一。因此，所谓追求善以及转而为善就是等于去认识自我的本真。唯理论者把善和真等同看待，也有其一定的道理。然而抽象的知识与善未必全一致。也就是，知识必须成为所谓的体悟时，二者才能完全一致。此种观点是希腊的柏拉图和印度的奥伊舒的根本思想，我认为这是对善的最深刻的解读思想（柏拉图曾言，善的理想是实在的根基；中世纪的哲学中也有类似的说法“一切的实在即为善”）。

第十节　人格之善

以上笔者先阐述了善应为何物，接着又提出了善的一般概念；现在我们来探讨什么是人类之善，并阐明其特征。我们的意识绝非一个单纯的活动，而是各种活动的综合体，这是众人皆知的事实。由此可见，我们对欲求也绝不是单纯的，也就必然会有各种各样的欲求。那么在这些种种欲求之中，究竟满足哪一个欲求才是最高的善？由此就产生了我们自我整体之善究竟为何物的问题。

在我们的意识现象中没有任何一样东西是孤立的，它必然是同其他事物有所联系而存在的。即使是一瞬间的意识也已然不是单纯的了，而是包含了复杂的因素。并且这些因素并非互相孤立，而是在彼此的关系上具有某种意义的。不仅短暂的意识是这样组成的，一生的意识也是一个这样的系统。所谓自我就是这个整体的统一名称。

这样看来，我们的欲求也绝不会孤立地发生，而一定是在同他物的关系之中发生的。很明显，我们的善并不是仅仅指满足了某一种暂时的欲求而言的，而某一欲求只有在同整体的关系中才能成为善。就像身体的善并非某一局部的健壮，而是取决于全身的健康状态的一样。在活动主义看来，所谓善，首先必须是各种活动的一致与和谐，亦即所谓中庸。我们所谓的良心就是和谐统一状态下的意识作用。

和谐即是善，这是柏拉图的思想。他将善比喻成音乐的和谐。英国的沙夫斯伯里等人也有此种想法。此外，将中庸当作善的是亚里士多德的做法；在古老的东方，《中庸》一书中也表现了此种思想。亚里士多德认为一切的“德”都存在于中庸里，例如，勇敢是粗暴和懦弱的中庸；节俭是浪费和吝啬的中庸，很有子思思想的味道。又像进化论伦理学家斯宾塞所说，善为各种能力的均衡，说的也是同样的意思。

然而只说和谐与中庸，意义似乎仍然晦暗不明。所谓和谐，究竟是什么意义上的和谐呢？所谓中庸，又是什么意义上的中庸呢？意识，不是并列活动的集合，而是一个统一的体系，因此，所谓其和谐与中庸并非从数量上讲的，而是一种体系性的整体秩序。那么，我们精神上的各种活动的固有秩序是怎样的？我们的精神在其低等的程度上和动物一样，仅仅是本能活动，亦即对于眼前的对象只是出于冲动进行作用，完全是受了肉欲的支配。但是，意识现象，无论多么单纯，也一定具有观念的欲求。因此，无论是如何本能性的意识活动，在其背后也一定潜藏着观念活动（甚至某些高级动物也是如此）。无论什么人，只要他智力正常，就决不会仅仅满足于肉体的欲望，一定会有观念的欲望在他内心深处活动着。亦即无论什么人都会胸怀一定的理想。守财奴见钱眼红，也是出于一种理想。总之，人们并非因肉体而存在，而是因其观念而存在生命的。歌德在诗篇“紫罗兰”中写道，田野中的紫罗兰被妙龄的牧羊女所踩踏，但是它却得到了爱的满足。我想这是全人类的真情实感。因此，所谓的观念活动才是精神的根本作用，我们的意识无法不受其控制。也就是说，去满足由观念活动而产生的要求就是我们真正的善。那么，进一步讲，观念活动的根本规律是什么呢？那就是理性的规律了。所谓理想规律就是一种说明观念之间最一般和最根本性的关系的东西，是控制观念活动的最高法则。而且所谓理性是可以控制我们精神的根本力量，理性的满足就是我们最高之善。因此，不论什么事情，只要服从了理就是人们的善。犬儒学派和斯多葛学派哲学家就是这种观点的极端信奉者。他们甚至主张，因此就应该把人心的一切欲求通通当作恶来加以摒除，只要服从理才是唯一的善。但是根据柏拉图晚年的观点以及亚里士多德的学说，虽然由理性的活动产生的东西是至高的善，同时，由理性对其他活动进行的统摄或控制也是善。

柏拉图在其著作《理想国》一书中便将人们思想的组织与国家的组织等同看待。他说，不论对于国家还是个人，被理性所统摄的状态就是最高的善。

如果说，我们的意识是由各种活动综合而成的，而其中之一必定要管辖其他的话，那么活动主义所主张的善就必然如上所述，是服从了理性而管辖其他之物。但是，我们对一书原本就是一种活动。在其根基处，无论何时都只有一种力量在进行活动。即使在知觉或者冲动这种瞬间的意识活动中也已经出现了此种力量。更进一步讲，在思维、想象、意志等意识活动中，此种力量就以更加深广的形态出现。我们主张顺服理性，不外乎是指服从此种深广的统一力。不然，只是抽象地去看单纯的理性，那就像在评价唯理论时所说的那样“仅仅是在提供空洞无物的形式关系而已”。此种意识的统一力绝不能脱离意识的内容而存在，相反，意识的内容是通过此种统一力而得以成立的。当然，如果将意识的内容逐一分析考察，就找不到此种统一力了。然而，它却在综合的意识内容之上表现为毅然不可动摇的一个事实了。如同画面上出现的一种理想和音乐中出现的一种情感一样，它是不能加以分析、理解的东西，而要通过直觉得到。如果在此处将这种统一力定名为每个人的人格，那么善就在于此种人格，亦即统一力的维持与发展。

这里所说的人格的力量并非指动植物的生命力那种自然的物力，

也并非指本能那种无意识的能力。本能作用是由有机体发生的一种物力。人格，与此相反，是意识的统一力。然而，尽管如此，所谓人格也并非是每个人的浅表意识的核心的、非常主观的各种希望之类的东西。这些希望也许多少会表现出那个人的人格，但是真正的人格却常常隐居在消灭此种希望以及忘却自我的幽谷中。虽然如此，人格也并非康德所说的那种完全脱离经验内容，适用于所有人的普遍的纯理作用。人格必然是因个人而具有特殊意义之物。所谓真正的意识统一是在我们不知不觉中、自然而然地流露出来的纯一无杂的作用，它是全无知、情、意之分，全无主客之别的独立自在的意识初始状态。我们的真正人格只有在这个时刻才会完满地表现出来。因此，人格既非单纯的理性，亦非欲望，更不是无意识的冲动，它恰如天才的灵感一般，是从每个人的内在直接而自发地进行活动的无限统一力（古人曾云，道无所谓知或不知）。正如论述实在时所指出，如果将意识现象看成是唯一实在，那么我们的人格就是宇宙统一力的显现。也就是破除了物我之别的唯一实在在各种情形下以某种特殊形态而呈现。

我们的善既然是此种伟力的实现，所以其要求是极其严格的。康德也曾经说过，我们常常怀着无限的赞美与敬畏之心来看待两种事物：一个是头顶之上星光灿烂的夜空；一个就是我们内心的道德戒律。

第十一节　善行之动机

综上所述，所谓善即为满足自我的内在欲求，而自我的最大欲求，就是意志的根本统一力，即人格的欲求；所以，满足这种欲求，即所谓人格的实现，对我们而言，就是绝对的善。但是，此种人格的欲求一方面是意识的统一力，一方面又是实在根基处无限统一力的表现。所谓，实现我们的人格就是指此种力量的合二为一。如果认为善是此物，我们由此就可以确定善行是什么行为了。

根据上述看法，首先可以明确善行就是一切以人格为目的的行为。人格是一切价值的根本，宇宙间只有人格具有绝对的价值。我们原本就有各种欲求，既包括肉体上的欲望，也包括精神上的欲望；从而一定会有财富、权力以及知识、艺术等宝贵的事物。但是无论是多么强烈或者高尚的欲求，如果脱离开人格的欲求便毫无价值可言；只有作为人格的欲求或手段时才存在价值。财富、权力、健康、技艺、学识等本身并非善，如果违背了人格的欲求，反而会成为恶。因此，所谓绝对的善行必须以人格的实现本身为目的，即必须是为了意识统一本身而活动的行为。

在康德看来，物质是由外部来确定其价值的。所以其价值是相对的；但是，我们的意志是由自我确定其价值的，因此，人格也就有着绝对的价值。康德的主张如众人所知，就是要大家尊重自我及他人的人格，将其视为目的本身来看待，而万万不可以当作手段来利用。

那么所谓真正以人格本身为目的的善行必须是何种面貌呢？要想回答这个问题，就一定要探明人格活动的客观内容，并阐明行为的目的。现在我们先来谈谈善行之中的主观性质，即动机。所谓善行必须是从自我的内在必然中生发出来的行为。正如以前所说，我们的整个人格欲求只有在我们尚未进行分析、思考，而是处于直接经验状态之下才能自觉到的。所谓人格就是在这种情况下出现在内心深处，逐渐涵盖整个心灵的一种内在要求的声音。所谓以人格本身为目的的善行必须是服从此种欲求的行为。违背了它就等于否定自我的人格。所以说，至诚是善行不可或缺的重要条件。耶稣曾说，只有像婴儿一般纯真烂漫的人才能进入天堂。所谓至诚之善，并非由于它产生的结果才成其为善，而是它本身就是善。我们说，欺人之人为恶者，与其说是因为此恶行产生的结果而下此断言，不如说是因为欺人者自欺，否定了自我人格的缘故。

所谓自我的内在必然或天真的欲求，往往难免受到误解。有人认为，天真就是放纵不拘，对社会法律充耳不闻并对自我的情欲放纵自私。然而，人格的内在必然，即所谓至诚，是建立在知、情、意三者合一的要求之上的，并不意味着要违背知识的判断和人情的要求而单纯地服从盲目冲动。只有充分发挥自我的知识和情感之后，才能呈现真正的人格要求，即至诚。只有在自我倾尽全力，自我意识消失殆尽和自我已经不能意识到自我之时，才能看到真正的人格活动。以艺术作品为例。画家的真正人格，即创造力，要在何时何地出现呢？当画家还处于在意识中进行各种构思的阶段并不能看到真正的画家的人格。只有在他经过多年的苦心钻研，达到技艺炉火纯青、游刃有余的境地时才能窥测到他的人格。道德上的人格表现也是如此。所谓表现人格，并非顺从一时的情欲，而是要服从最严肃的内在欲求。这与放纵懦弱之心恰恰相反，是一项艰苦卓绝的事业。

所谓服从自我真挚的内在欲求，即所谓实现自我的真正人格，并不意味着要树立与客观相对立的主观，或者使外界事物服从自我。而是意味着当自我的主观臆想消失殆尽，完全与外物相一致的时候，才能满足自我的真正要求，看到真实的自我。从另一方面看，也可以说每个人的客观世界每个个体人格的反映。但是不对，每个人的真正自我只能出现于各人面前独立自在的实在的体系之内。无论何人，其最真挚的欲求必须始终与他所见到的客观世界的理想相一致。例如，无论多么利欲熏心的人，只要他还多少保留着一些同情心，他的最大欲求大概就是在自我得到满足之后，也给他人一些满足。如果说自我的欲求不仅限于肉体的欲望，而且也包括理想的要求的话，那就必须承认这一点。私欲的程度越深，就越会因为妨碍他人的私欲而颇受烦恼。反之，没有私欲之人，才能安心理得地解除他人的私欲。由此可见，所谓满足自我的最大欲求及实现自我，便是实现自我的客观理想，亦即与客观趋于一致。从这一点上看，可以说善行必然就是爱。所谓爱，就是他我完全一致的感情，是主客合一的感情。不仅人与人的立场如此，画家倾慕自然的场景也是爱。

柏拉图在其名篇《会饮篇》中谈到，爱是残缺的东西企图恢复它原来完整状态的感情。但是进一步想，所谓真正的善行，既非使客观服从主观，也不是主观服从客观。只有达到主客相融、物我两忘、天地间只有一个实在处于活动的境地时，才能达到善的巅峰。不论是物触动我，还是我触动物；也不管是雪舟描绘自然，还是自然描绘雪舟，本来无我就是没有区别的，我们既可以说客观世界是自我的反映，同样，也可以说自我是客观世界的反映。脱离我所见到的世界便不再有我了，也就是天地同一，万物一体。古代印度的贤士将它说成，“那就是你”，圣保罗也曾说，“现在活着的已不再是我，而是基督在我体内长存”，孔子则说“从心所欲而不逾矩”。

第十二节　善行之目的

关于以人格为目的的善行，我们前面已经谈到，所谓善行必须是从何种动机出发的行为。接下来，我们看看它是具有何种目的的行为。善行也不仅仅是意识内部之事，而是以在事实上产生某种客观结果为目的的动作，所以，我们现在就来阐明此目的的具体内容。之前所论述的是善的形式，现在来看善的内容。

人格是意识的统一力，又是实在的统一力，它首先实现在我们个人身上。在我们意识的根基处有着不可分析的特性。一切意识活动都是特性的表现。每个人的知识、情感、意志都包含着此人特有的性质。不仅意识现象，即使每个人的音容笑貌、言语举止也显示着个性。人像画作所要表现的其实就是此种个性。它从人一出生就开始活动，直到死亡为止，历经种种经验和境遇而获得种种发展。科学家认为它起源于脑的特质，但是像我经常谈到的那样，我认为它是实在所具有的无限统一力的表现。因此，我们首先就应当把此种个性的实现当作目的。也就是说，这是最直接的善。当然，健康和知识之类的东西原本就是宝贵的，但是它们本身并不是善，我们也不能仅仅以此为满足。对个人而言，能够产生绝对满足的就是自我个性的实现。即在实践上发挥他人所不能模仿或超越自我的特点。无论是谁，不管他的天赋或境遇如何，都能够发挥其个性。正如每个人的相貌千差万别一样，每个人都具有他人所不能模仿的独一无二的特点。而此种特点到实现则是基于每个人以无比满足以及促使宇宙进化所不可或缺的一种要素。世间之人向来不重视个人之善。但是我却认为个人之善是至关重要的，是其他一切善的基础。真正的伟人并不是因为其创立了丰功伟绩而成其为伟人，却是因为他发挥了强大的内在个性。振臂高呼，其声达于远处，并非因为声音洪大，而是因为站得高。我认为能够充分发挥自我特点之人，要比那些忘记了自我的本分，专为他人而碌碌无为之人更为伟大。

然而，我在这里所说的个人之善是与一己之利欲不可同日而语的。必须将个人主义与利己主义严格地区分开。利己主义，是以自我的快乐为目的的，也就是所谓的任性。个人主义则与之恰恰相反。每个人放纵自我的物质欲望，反而是在消减个性。以猪为例，不论有多少，在它们之间是没有个性可言的。此外，似乎有人将个人主义同集体主义视为对立，我却认为二者实属一致。只有生活在一个社会之中的每个成员都能充分自由地活动、各自发挥其天赋，整个社会才能进步。忽视个人的社会决不能说是一个健全的社会。

个人之善所亟须的是旺盛的意志。易朴生笔下的白朗特那样的人物便是道德上的理想人物。与此相反，意志脆弱和虚荣之心则是最令人厌恶之恶（以上都是由于丧失自尊心而产生的）。此外，对个人的罪行最大者莫过于极度失望而自戕之人。

如上所述，真正的个人主义决不应该受到责难，也并非与社会相冲突。但是我们所说的每个人的个性是否就是各自独立并互不相关呢？或者我们可以说，在我们个人的根本中有着社会自我的存在，而我们则是社会的自我表现呢？如果答案是前者，那么个人之善就必然是我们最高之善。如果是后者，就必须要承认我们还有更大的社会之善。我认为亚里士多德在其著作《政治学》开篇所写的“人是社会的动物”是不可动摇的真理。从今天的生物学角度看，我们的肉体已经不是个人之物了。我们的肉体起源于祖先的细胞，同我们的子子孙孙一样，都是由于同一细胞分裂而产生的。一切种类的生物都可以视为同一种生物，所以生物学家声称今天的生物永不灭亡。就意识生活来看，也是如此。在人类过着共同生活的地方，一定存在着统一每个人意识的社会意识。语言、风俗、习惯、法律、宗教、文学等等都是此种社会意识的现象。我们的个人意识就是在其中萌发、培养的，而且也只是构成该巨大意识的一个小细胞而已。无论知识、道德，还是兴趣，都包含有社会的意义。即使是最普遍的学问，也离不开社会的传统（今日各国都有所谓学术事物，道理就在于此）。所谓个人的特性只是在此种社会意识的基础上出现的形形色色的变化而已。无论多么出类拔萃的天才，也无法超脱此种社会意识的范围。相反，我们可以说他是发挥了社会意识深远意义的人（耶稣与犹太教的关系就是典例）。只有疯人的意识才能真正与社会意识无关。

谁也不能否认上述事实。但是由于这种共同意识与个人意识存在于同一意义之上，是否就可以将其视为同一人格呢？对于此问题有许多争论。赫夫丁等人就否认统一意识的实在。他说，森林是树木的集合，如将它们分立开来就没有所谓的森林；社会也是个人的集合，在个人之外便没有所谓社会这种独立的存在。但是不能因为分立后统一就不存在，就认定没有统一的存在。将个人的意识分析来看，也不会发现另外的统一自我。不过，由于在统一之中有一种特点，而且必须把各种现象看成是通过此种统一而成立的，所以才将其视为一个活的实在。社会意识也和个人意识一样，既有核心、又有联系的完整体系。只是在个人意志方面存在一个肉体的基础。虽然这是与社会意识不同之处，但脑也绝不是单纯的物体，而是细胞的聚合。这同社会是由个人这种细胞所组成的情况并无二致。

如上所述，有了所谓社会意识，我们的个人意识又是其部分，所以我们的欲求大体都是社会性的。如果从我们的欲望中抽取他爱的因素，就几乎荡然无存。关于此点，只要看到我们的生命欲望的根本组成在于他爱就可以明白了。因此，与其说是我们由于自我的满足而满足，不如说是由于自己所爱的东西以及自我所属社会的满足而满足。原本，我们自我的中心就不只存在于个体之中。如母亲的自我在孩子之中，忠臣的自我在君主之中。随着自我的人格越发伟大，自我的要求也越发成为社会性的要求。

接下来简单谈谈社会之善的单位。在社会意识中存在各种单位。其中最小而且直接的便是家庭，家庭可以说是我们的人格向社会化发展的最初阶段。男女结合组成家庭，其目的不仅仅是为了生儿育女，而且具有更加深远的道德上的意义。柏拉图在《会饮篇》中有这样一段描述：男女本系同源，只是被神分离，所以至今彼此还是互相爱慕的。这是饶有趣味的想法，如果从人类这个典范来看，无论男还是女，个体都不完整；只有男女结合才能成为一个完整的人。奥托·维宁格认为，无论在肉体上，还是精神上，人都是由男性成分和女性成分结合而成；两性相吸就是为了此种成分的结合而成为一个完整之人。无论男子还是女子，其性格都不是完整的典范。只有男女互补才能发展成为完整之人格。

然而，我们的社会意识的发展并非仅限于家庭那样的小单位之中。我们的一切精神或物质的生活都可以在各种社会团体之中得以发展。从家庭单位推而广之，能够统一我们全部的意识活动并且可以当作一种人格表现来看待的便是国家。关于国家的意义，众说纷纭。有人把国家的主体放在主权的威严上，认为其目的只是为了对外防御敌人，对内保护国民的生命财产安全（叔本华、泰恩、霍布斯等持有此观点）。也有人将国家的主体放在个人之上，认为其目的只是为了调整个人的人格发展（卢梭等人的观点）。然而，国家的真正目的并非第一种观点所说的那样物化或者消极，也不是像第二种论点所主张的那样个人的人格是国家的根基。相反，个人都是作为社会的细胞而发展的。国家的主体正是作为我们精神根基的共同意识的展现。我们可以自国家之中获得个人人格的极大发展。国家为一个统一人格，其制度、法律就是此种共同意识的意志表现（古代的柏拉图、亚里士多德以及近代的黑格尔都持有该主张）。我们所以为国家贡献就是为了争取我们伟大人格的发展与完善。至于国家惩罚个人却不是为了报复，也不是为了社会安定，而是因为个人人格有着不可侵犯尊严。

现今国家虽然是统一的共同意识的最伟大的表现，但我们的人格表现却不止步于此，它还有着更高的追求。那就是把全人类团结为一体的人类社会的凝聚力。此种理想早已出现在圣保罗的基督教和斯多葛派的学说中。但是，此种理想是不容易实现的，因为直到今日，我们还是处于武装的和平时代。

我们如果从遥远的历史滥觞开始追溯人类的发展足迹，就会发现国家并非人类的终极目标。人类的发展具有一以贯之的意义和目的，国家似乎是为了满足其中一部分的使命而历经兴盛衰败的（世界史诚如黑格尔所说，就是世界精神的发展史）。但是，真正的世界主义并非取消各个国家的存在，而是说各个国家越来越强盛，各自发挥其特点来为世界历史做出自己的贡献。

第十三节　完美之善行

简而言之，所谓善就是人格的实现。从其内部来看，也就是真诚要求的满足，即意识的统一，而最终必然达到物我两忘、主客皆无的境地。如果从外在表现看，则小到个性的发展，大至人类普遍的统一发展，最终达到其巅峰。由于存在这两种见解，我们似乎有必要来说明一个更加重要的问题：从内部导致极大满足之物是否必然在事实上也可以被称为大善呢？也就是说，对于善的两种解读是否常常一致？

首先，从先前论述过的实在论来看，可以断言，此两种观点是绝不会互相抵触的。现象本来就没有内外之别。所谓主观意识或者客观实在只是从不同方面去观察同一现象而已，因此，具体来讲，只有一个事实。正如我们所一再指出的，既可以说世界是通过自我意识的统一而成立的，也可以说自我是实在的某种特殊的小系统。正如佛教的根本思想一样，自我与宇宙有着同一根基，简直就是同一事物。因此，在我们自我的内心中，在知识上作为无限的真理、在情感上作为无限的美、在意志上作为无限的善，都能感到实在的无限的意义。我们认识实在，并非是去认识自我之外的事物，而是去认识自我本身。实在的真善美必然是自我的真善美。如果是这样，必然会产生此种疑问：那为什么这个世界上会有假恶丑呢？我们仔细考虑一下就会明白这个世界上既没有绝对的真善美，也没有绝对的假恶丑。假恶丑始终表现在抽象地看到事物的一方面而不得其全貌，从而失之偏颇，与整体的统一背道而驰（如实在一章第五节所指出，从一方面来看，假恶丑是实在的成立所不可或缺的，是基于矛盾的原理而产生的）。

按照奥古斯丁的观点，世界上本没有恶，神所创造的自然皆为善，只有缺乏本质才是恶。他又说道，神，如美妙的诗篇一般，在达观之时，就会体会到世界带有丑恶，反倒是美的。

我们不妨设想善的事实与善的要求相冲突的情况，就可以看出两种局面。一种是某一行为在事实上是善，其动机却不是；另一种则动机虽然为善，而事实却不是善。就第一种情况看，如果内在的动机是偏私牟利的话，即使外部事实符合善的目的，也很可能不能说它是以实现人格为目的的善行。我们有时候也会赞美此种行为，但这绝非是从道德观点出发的结果，而是从功利的观点出发的结果。如果从道德的观点看，此种行为却比那种虽然愚蠢、但却竭尽至诚的行为更为恶劣。也许有人会说，即使不是从纯粹的善的动机出发，只要是有利于多数人的行为也比一个人洁身自好的善行要好。但是所谓有利于人的说法却含义不一。如果说只是提供物质上的利益，则如果将该利益用于好的目的上则成为善，用于恶的目的上却反而会助长恶势力。另一方面，从所谓有利于世道人心，即真正在道德上有所助益的角度看，此种行为如果不是内在的真正的善行，那就不过是促进善行的手段，而非善行本身；即使真正的善行本身再细小，它也不能与之相提并论。第二种情况是常常有的，也就是纵然动机是好的，而在事实上却不一定能够称之为善。人们常说，个人的至诚往往与人类普遍的至高之善相矛盾。但是，我认为持有此种观点的人对“至诚”的理解是有偏颇的。如果将至诚一词用于整个精神的最深刻要求的意义之上的话，我认为这些人所说的就并非实情。我们的至诚之情并非假意为之，而是自然的事实。正如真与美在人心的最深处包含普遍的内容一样，善也含有普遍的成分。又如对人情世故已然深恶痛绝的浮士德深夜漫步郊外，最后，寂寞而凄凉地回到书斋一样，人们在夜深人静、心平气和之时，此种感情便会油然而生。我觉得如果有人与我们的意识根基完全不同，那就纯属偶然，但是，只要他们还多少具有一些人所共有的理性，那么他们的想法和欲望就一定与我们的相同。当然，人类最高的要求有时也许会停留在可能性上，而不能变成发生的现实。但是，这时候并非没有要求，而是要求受到了蒙蔽以致自己不了解真正的自我。

根据上述理由，我认为我们最深刻的要求与最伟大的目的必然是一致的。我们在内心深处锻炼自我，达到自我的实体，同时在外部又萌生对人类集体的爱，以符合最高之善的目标；这就是完整的、真正的善行。此种完全的善行，一方面看来是非常艰巨的，但是从另一方面看来，又是任何人都应该而且能够做到的。道德不能从自我之外求得，只能从自我内部去找寻。世人往往将善的本质与其外貌相混淆，进而认为如果不是什么全球规模的人类事业，便算不上是最大的善。但是，事业的类别是依据人的能力和境遇而定的，不是谁都能够做同样的事业。然而，无论事业如何不同，我们都可以用同样的精神状态去工作，无论多么小的事业，如果一个人能够始终以对人类群体的爱去投入工作，就可以说他是正在实现其伟大人格的人。拉斐尔崇高、优美的品性也许可以将圣母画像视为最适宜的实现媒介，其实不仅仅是圣母画像，就是拉斐尔所有的创作都能显示出他的性格。即使拉斐尔与米开朗琪罗选择了同样一个主题，但仍然是拉斐尔展示拉斐尔的个性，米开朗琪罗显示米开朗琪罗的个性。美术与道德的本体在于精神，而不在于外界事物。

最后还要补充几句。虽然从学术上来解读善，可以有许多种说法，但是实际上真正的善只有一种，就是认识真正的自我。我们真正的自我是宇宙万物的本体，如果能够认识真正的自我，那就不但符合人类普遍的善，而且会与宇宙万物的本体相融合并与神意不谋而合。实际上这就是宗教与道德的真义。而真正的认识自我以及符合神意的途径只是在于自我去体会主客合一的这种力量。而且要想体会此种力量，就必须根除我们的这个假我，彻底抛开世上所有的欲望并死而复生（如穆罕默德所说，天国只在宝剑的剑影中）。只有这样，才能够真正达到主客合一的境地。这才是宗教、道德以及美术的至高境界。在基督教中，这叫作“重生”，在佛教中，这叫作“见性”。据说从前罗马教皇贝纳迪克图斯命令乔多画出一张充分显示其绘画才能的作品给他看，结果乔多只给他画了一个圆圈。我们因此应该在道德上领会乔多画的这个圆圈。

第四章　宗　教

第一节　宗教之要求

宗教的要求就是对于自我的要求，也就是关于自我之生命的要求。我们一方面知道自我是相对有限的，同时又向往同绝对无限的力量结合，以此来求得永恒的真正生命，这即为宗教的要求。正如圣保罗所说“此刻活着的，已不再是我，而是基督在我体内活着”，像那样一种要把一切肉体生命都钉死在十字架上，只寄希望于神的庇护来活下去的那种感情。真正的宗教是为了寻求自我的转变以及生命的革新。基督手持十字架说道“不与我为伍的即为我之仇敌”。由此可见，一个人只要还保留一丝一毫相信自我的念头时就不能说他抱有真正的宗教之心。

为了今生的利益而向神祈祷的自不待言，即使是贪恋来生而吃斋念佛的也不是真正的宗教之心。因此，《叹异钞》中说道：“在自我的内心一心祈求长生的念佛，只是为己的修行。”基督教也认为那种只求神助，惧怕神罚的并非真正的基督教。因为他们都不过是利己之心的各种形态而已。不但如此，时下很多人认为宗教只是求安一己之心，我觉得此说法也是错误的。正因为有此种说法，所以积极进取的势头就为之减弱，以至于认为过那种清心寡欲的隐逸生活才是获得宗教的真义。相反，事实上，我们不是为了安一己之心才寻求宗教的，安心不过是宗教所带来的结果。宗教的要求是我们欲罢不能的巨大的生命所发出的要求，是严肃的自我意志的要求。宗教是人生的目的本身，而绝不能将其当作谋他的手段。

如果按照意志主义心理学家的看法，意志是精神的根本作用，一切精神现象皆为意志的形态。如果真是这样的话，我们的精神就是欲望的系统，作为此系统核心最有力的欲望便是我们自我。而且通过此核心对一切其他进行统一，即维护并发展自我，也就是我们精神的生命。在此种统一活动进行期间，我们是活着的，但是在此种统一遭到破坏时，即使我们的肉体还活着，我们的精神也变成了行尸走肉。那么，我们果真能够以个人的欲望为核心而对一切进行统一吗？亦即个人的生命果真能够无止境地维持并发展下去吗？世界不是为个人所创造的，个人欲望也并非人生最大的欲望。个人的生命一定会在外部同世界相冲突，在内部陷入自我矛盾。因此，我们必须寻求更大的生命，即必须根据意识中心的转移而寻求更大的统一。此种要求在一切我们的共同精神发挥作用时都能够被看到，但是只有宗教的要求是这类要求的极限。当我们企图面对着客观世界树立主观的自我并通过它来统一前者时，不管主观的自我有多么高大，其统一仍然不免是相对的。只有完全抛弃主观的统一，使之与客观的统一相一致，才能获得绝对的统一。

本来，所谓意识的统一是意识成立的重要条件以及根本要求。没有统一的意识就等于没有意识。意识能够通过内容的对立而成立，其内容越是复杂，就越是要求更大的统一。此种统一的极限就是我们所谓客观的实在，当我们的主客合一的统一时刻该统一达到顶峰。所谓客观实在也并非脱离主观意识而独立存在的，而是指意识统一的结果，是一种根本无法怀疑或者寻求的东西。并且此种意识统一的顶点，即所谓主客合一状态，不但是意识的根本要求，实际上也是意识的初始状态。正如康蒂亚克所说，我们最初看见光的时候，与其说是看它，不如说我就是光本身。对婴儿来说，一切最初的感觉必然就是宇宙本身。在此种境界之内，主客仍然未分，而是物我一体，只有一个事实。由于物我合为一体，也就再也没有必须去寻求的真理和非满足不可的欲望，所谓人神共在，所谓什么伊甸园，大概就是此种境界。然而，随着意识的分化发展，主客相对独立、物我渐渐背驰，于是人生就出现种种欲求和苦恼，人离开了神，乐园的门便永远对亚当的后代关上了。但是，无论意识如何分化发展，终究不能脱离主客合一的统一，而且我们也是一直在知识上、意志上寻求着此种统一的。意识的分化发展是统一的另一面，但仍然是意识成立的重要条件。相反，意识的分化发展反而要求更大的统一。应该说此种统一其实就是意识的开始，也是意识的终结。宗教的要求就是在这个意义上的意识统一的要求，同时，也是与宇宙相合一的要求。

由此可见，宗教的要求是人心之内最深、最大的要求。我们具有各种肉体上的要求以及精神上的要求。但是这些都只是自我的局部要求，唯有宗教才是自我本身的解决之道。我们在知识上以及意志上寻求意识的统一与主客的合一，但这仍然不过是部分的统一，而宗教则是寻求这些统一背后最深刻的统一，寻求知识、意念未分以前的统一。我们的一切要求都是从宗教的要求分化出来的，因而也可以说是它发展结果的归宿。当人们蒙昧未开的时候，都是信仰宗教的，一旦达到学问道德的顶点，便又回归于宗教。世上的人常常追问：为什么要有宗教。这个问题同为什么要活着的问题其实是一样的。宗教并非脱离自我的生命而存在，它的要求乃是生命本身的要求，因此，提出这样的问题就表示没有认真对待自己的生命。想认真地思考、认真生活的人，一定不可能感受不到对宗教热切的要求。

第二节 宗教之本质

宗教本身是神与人之间的关系。人们可能对神有众多看法，但我认为将其看作宇宙的根本是最恰当不过的。而所谓人就是指我们个人的意识。基于对此二者的关系有种种看法，便产生了各种宗教。那么究竟什么样的关系才是真正的宗教关系呢？如果有人说，神与我在根本上有着本质的不同，而神只是超过人类的伟大力量的话，我们就根本无法从那里找出宗教的动机。也许，有人因为害怕神而服从其命令，也许有人只是为了求福而敬神。这些行为都不过是由利己之心产生的。本质不同的事物间的相互关系，抛开利己之心便无法存在。史密斯也曾经说过，宗教并非因害怕不可知的力量而发生的，而是出于崇敬与自己有血缘关系的神而产生的；并且宗教并非个人对于超自然力量的主观捏造的关系，而是每一个社会成员与维持那个社会安定秩序的力量之间的共同关系。

在一切宗教的根基处必然存在神人合一的关系，即亲子关系。但是简单地把神与人的利害关系等同看待，认为神能够援助并保护我们，那还不是真正的宗教。神为宇宙的根本，同时也必然是我们人类的根本，我们皈依于神就是皈依我们的根本。此外，神是万物的目的，亦即人的目的，人从神处发觉自我真正的目的。如同手足是人的所有物一样，人也是神的所有物。因此，我们皈依于神，虽然从某个角度看来，似乎丧失了自我，但是从另一方面看却是把握了自我。耶稣曾言，凡是要救赎自我生命的人必定会丧失生命；凡是为我和神损失生命的人一定能够得救。这是宗教中最为圣洁的。真正的宗教其神人关系必然是这样的。我们向神祈祷并致谢并非为了自我的存在，而是祈求能够归皈依到作为自我母体的神上去，同时，对此种皈依表示感恩。所谓神爱人也并非要赐给人今生的福祉，而是要让人皈依本我。神乃生命的源泉，小我仅是依神而生。正是因为笃信这条真理，宗教才是那样充满生机，才能孕育至真至诚的信念。“从神处发觉真正的自我”，这句话也许会被视为高估自己的想法，但事实恰恰相反，这才是真正的舍己敬神之道。

所谓神人同一与人返本于神是一切宗教的根本精神。只有基于此种精神，我认为，才能称其为真正的宗教。但是即使在此种思想的基础上，也有人对神人关系产生种种不同的看法。有人认为神是超乎宇宙之外而存在的，是从外部来支配世界的，因而对人也是从外部来进行控制的；也有人认为神是内在的，人是神的一部分，因而神是从内部来对人进行控制的。前者是所谓有神论的看法，后者则是泛神论的看法。泛神论者或许是合理的，但是遭到了很多宗教学家的反对。他们坚持将神与自然等同视之将抹杀神的人格性；如将万物看作神的变形，则不仅丧失神的超越性，也有损其尊严，而且会产生万恶之源也应归咎于神的荒谬结论。但是自己思忖过后就会知道，并不能说泛神论的思想一定会有这样的缺陷，也不能说有神论一定免于此缺陷。即使将神与实在的实体等量齐观，如果认为实在的根本是精神性的，那也未必会丧失神的人格性。况且，也不是每个泛神论都认为任何事物本身就全然是神。斯宾诺莎哲学也认为万物是神的众相。而且，在有神论中神的全知全能与世间存在的恶也是不可调和的对立着。该问题在中世纪哲学中确实令许多人倍感头痛。

所谓的“存在超越一切的神”以及“神能够从外部来支配世界”的看法不但与我们的理性相矛盾，而且由此种观点发端的宗教也不能说是最为精深的宗教。我们能够通过神意来认识的事物，只有自然法则，此外，并不存在什么“自然之启示”之类的东西。当然，神是神秘莫测的，我们所认识的恐怕仅仅是其一部分。不过，即使有所谓神的启示在那，我们也不能认识它；并且如果有与此相反的神之启示，那反而暴露出神的自我矛盾。我们信仰耶稣的神性，是因为其一生包含着最深刻的人生真谛。我们所谓的神，必须是天地由它而定位，万物由它而生长的这种宇宙的内在统一力。除此之外，再没有可以称之为神的了。如果说神是人格性的话，那就意味着必须要在其实在的根本上直接认识到其人格意义。至于所谓超自然的种种说法，不是讹传历史的传说，就是自我的主观臆想。此外，我们只能在这个自然的根基处以及自我的根基处直接看到神，才能感到神的无限温暖，才能达到“我因神而生”一般的宗教真谛。也只有从这个根基处才能产生真正敬爱神的情感。所谓“敬”是部分人格队全体人格产生的感情；所谓“爱”是两个人格合二为一的说法。在敬爱的根基处必然有人格的统一。因此，敬爱的心情不仅发生于人与人之间，而且也出现于自我的意识之内。正如我们昨天与今天的不同意识具有同一个意识核心，所以才充盈着自尊自爱的感情，同样，我们敬神也必然是因为与神有着同一的根基的缘故。亦即我们的精神也是神的意识的一部分的缘故。当然，神与人虽然有着同一的精神根基，但是正如有着同一思想的两个人彼此独立一样，神与人也可以被认为是互相独立的。可是，这是从肉体方面看待精神，并在时间与空间上对其加以区分而得出的结论。从精神方面来看，则是具有同一根基的东西便具有同一的精神。正如我们日新月异的意识因为具有同一的统一性而显示出同一的精神一样，我们的精神也必须与神合为一体。这样，所谓“我因神而生”的说法才不仅仅留于比喻的浅表，而是实实在在的事实。（维斯得克得主教在给“约翰福音”第十七章，第二十一节所做的注释中说，所谓信仰者的一致，不仅是目的、感情等道义上的合一）。

这样，最精深的宗教就能够建立在神人一体的基础之上，而宗教的真意即在于获得此神人合一的意义。也就是我们要在意识的根基处体验到摆脱自我意识而进行活动的崇高的宇宙精神。所谓信念是不能够通过传说或者理论从外部获得的，而是从人自身之内历练而成的。正如伯姆所说的，我们通过最深厚的“内在重生”而达到神的境界。我们在这个内在重生上直接目睹神与对神的信仰，同时，也在这里发现自我的真命并感到无限的力量。所谓信念并非单纯的知识，而是在上述意义上的直观体验，一种活力。在我们全部精神活动的根基处有一个统一力在活动着，也就是我们的自我，又叫作“人格”。不仅仅欲望，就连知识这种最富于客观色彩的东西也无不含有此种统一力，即无不带有个人的人格色彩。无论知识，还是欲望，都是通过这个力量成立的。所谓信念就是此种超越知识的统一力。因此，与其说信念是由知识和意志所支撑的，不如说后二者是由前者所支撑的。信念在此种意义上是神秘未知的，但并非与知识相冲突；如果信念与知识相冲突，也就不能以其作为生命的根本了。当我们竭尽知识、意念之后，便会从内心生发欲不信而不得不信的信念。

第三节 神

所谓“神”是指宇宙的根本。如上所述，我不将神视为超宇宙之外的造物者，而直接将其看作此实在的根基。神与宇宙的关系并非像艺术家与其作品那样，而是实体与现象间的关系。宇宙并非神的创造物，而是神的“表现”。外部那些日月天体的运动，内部人心的微妙体验，无一不是神的表现，我们能够在这些事物中一一感受到神的灵光。

正像牛顿与开普勒由于看到天体运行的井然有序而激发虔敬之情一样，我们对于自然现象研究得越发精深，就越发认识到其背后存在一个统一力在进行支配。所谓科学的进步无非就是指此种知识的整合而言。这样，就像从外部我们承认在自然的根基处有一个统一力在进行支配一样，在我们内部也应该承认人心的根基处也有一个统一力在支配。人心虽然千变万化，似乎捉摸不定，但是当对其加以全盘观察时就会发现无论古今中外，在人心内都有一种伟大的统一力在支配着。进一步思考，自然与精神并非截然无关，而是彼此间密切联系。于是，我们便不得不思考此二者的统一，亦即在二者的根基处必然存在着更大的、唯一的统一力。无论哲学抑或是科学无不承认该统一力的存在。而且该统一力就是神本身。当然，如果像唯物论主义者和普通的科学家那样认为物体是唯一的实在，万物只是服从物力规律的附属的话，那也就无法设想神的存在了。但是，实在的真相果真是如此吗？

正如我们前面在论述“实在”时所指出的，即便是物体，也不是说就能够脱离我们的意识现象而要单独去认识的独立实在。我们所得到的直观经验的事实不外乎意识这个现象。无论时间、空间还是外力都不过是为了说明该事实而假定的概念。像物理学家所说的那种完全除去人类特质的纯物质都是远离具体事实的抽象概念。越是接近于具体事实的，就越具特性。最具体的事实就是最为个性化的。因此，最原始的说明，像神话一般总是拟人性的，但是随着纯知识的进步就越来越成为普遍而抽象的，最终，便产生了纯物质这样的概念。但是，此种说明也是极其肤浅的，同时，不能忘记的是，在此种说明的背后也潜藏着我们主观上的统一力。可见，最根本性的说明一定要回到人的自我身上。说明宇宙的秘诀正是在于这个自我。试图通过物质来说明精神，应该说是本末倒置的。

牛顿和开普勒看到自然现象井井有条而感到欣喜，其实这不过说明我们的意识现象井然有序罢了。意识都是由于统一而成立的。并且这个所谓统一，小到每个人每天的意识的统一，大到将全人类的意识整合起来的宇宙的意识统一（将意识统一局限于个人意识之内只是加在纯粹经验之上的独断而已）。所谓自然界就是通过此种超个人的统一而形成的一个意识体系。我们通过个人的主观来统一自己以往的经验，再通过超个人的主观来统一每个人的以往经验，自然界就是通过作为这个超个人主观的对象而产生。劳埃士也说过，自然的存在是与我们相信人类同胞的存在的信念紧密相连的。因此，所谓自然界的统一不过是意识统一的一种而已。本来并不存在精神与自然这两种实在此二者的区别只是从对同一实在的看法不同而产生的，而在直接经验的事实上既没有主客的对立，也没有精神与物体的区别：物质即精神，精神即物质，同为一个实在。只有当这个实在体系发生冲突时，也就是说只有在它发展时，才能出现主客的对立。换言之，在知觉的链条上并没有主客之别，只是通过人的反省才产生该对立的。在实在体系发生冲突时，其发挥统一作用的那方面被看作精神，将精神作为对象而与其对抗的那方面则被视为自然。但是，所谓客观自然，实际上也不能脱离主观的统一而独立存在；虽说是主观的统一，但是也没有统一的对象或是统一的内容。两者都是同一种实在，只是统一的形式不同而已。而且，偏于任何一方的都会是抽象的、残缺的实在。该实在只有在两者合一的时候才成为完全、具体的实在。所谓精神与自然的统一，并非是把两种体系统一起来，而是指它们本来处于同一的统一之下。

既然在实在之内没有精神与自然的差别，也就不会存在两种统一，而只是由于对同一直接经验的事实持有不同的看法才产生种种差别，那么我在上文所说的作为实在根基的神就必须是该直接经验的事实，亦即我们意识现象的根基。但是我们所有的意识现象都是自成体系的。即使由于超个人的统一而形成的所谓自然现象，也离不开这种形式。所谓某种统一之物的自我发展是一切实在的形式，所谓神就是此种实在的统一者。宇宙与神的关系就像我们的意识现象与其统一的关系。正如无论在思维抑或是意志方面，意象总是通过一个目的观念而得到统一的，从而一切都可以看成该统一观念的表现，同样，神就是宇宙的统一者，而宇宙就是神的表现。该比较不但是一种比喻，而且也是事实。神是我们意识的最大和最终的统一者，更应该说我们的意识是神的意识的一部分，其统一是由神的统一而来的。小到我们的喜怒哀乐，大到日月星辰的运行，无不由此统一而生。牛顿和开普勒必定是受到了这个伟大宇宙意识的统一的感召了。

那么，在上述意义上作为宇宙统一者以及实在根基的神，究竟是何物？支配精神的只能是精神的规律。所谓物质则如上所述，不过是为了说明的方便而假定的最肤浅的抽象概念而已。精神现象就是作为知识、情感、意念的作用，因而支配它的也只能是知识、情感、意念的规律。然而，精神不只是这些作用的集合，在其背后存在一个统一力，而上述现象不过是该统一力的表现。如果现在将这个统一力命名为“人格”，那就可以说神是作为宇宙根基的一个大人格。从自然现象到人类历史的发展，一切事物无不具有大思想和大意识的形式，因此，可以说整个宇宙就是神的人格表现。但是，尽管这样说，我却不同意这一派的看法：神是超越宇宙之外，脱离宇宙运行，像我们那具有特殊思想和意志的主观精神一样的东西。就神而言，知识即行动，行动即知识，实在必然直接就是神的思想、神的意志。我们的主观思维和意志是由于各种体系的冲突而产生的不完全的抽象实在，因此不能将它与神相提并论。一个名叫易林渥斯的人，在其著作《人与神之人格》中指出自省、意志自由与爱这三者为人格的必备要素。但是，在将它们看作人格要素之前，必须先厘清其作用的含义。所谓自省，是部分意识系统在整个意识中心被统一时附带产生的现象。自省通过自我反观而发生，而所谓的自我反观则是寻求此种意识的核心作用。所谓自我不外乎是意识的统一作用，该统一如果变化，则自我也要随之改变；另外所谓自我的实体就不过是空名而已。我们在内心反省，似乎可以悟出一种特别的对自我的意识，但这只是心理学家所说的那种伴随该统一的感情而已。不是有了这种意识才开始此种统一，而是有了此种统一才产生这种意识。该统一自身无法成为知识的对象，我们虽然能够成为该统一而进行活动，但我们不能认识它。真正的自觉是在意识活动之内，而非在对知识的反省之内。说到神的人格之内的自觉，那么该宇宙现象的统一就必须全是神的人格之内的自觉。例如，任何人在任何时代都会认为三角形内角之和等于两个直角之和，这也是神自觉到的内容。这样，一切支配我们精神宇宙统一的信念都可以看作是神的自我同一的意识了。万物都是凭借神的统一而成立，关于神的一切都是现实，神也常常是能动的。神既没有过去，也没有未来，时间、空间也是由于宇宙意识的统一而产生的；对神来说，一切都是现在。正如奥古斯丁所指出，时间为神所创造，神又为超越了时间所以永存于现在。因此，神不会反省，没有记忆，全无希望，从而也没有特别的自我意识。因为，对神来说，一切都是自我，自我之外别无他物，所以也就没有了自我的意识。

再有，所谓意志自由也含义多多，但所谓真正的自由必然是指处于自我的内在本质所发生的活动。所谓全无来由的意志不但是不合理的，恐怕这在自己来说也纯属偶然事件，而不会被感受为自我的自由行为。因为神是万物的根本，神之外再无他物，万物皆产生于神的内在性质，所以神就是自由本身。在此意义上，神的确是绝对的自由。这样看来，神似乎是因受制于自我的本质而丧失了其根本的功能，但是违反自我性质的活动只能说明自我性质的缺损或矛盾。个人认为，神的全整与全知与其不确定的自由意志是不能共存的。奥古斯丁曾言，神的意志是恒定不变的，它不会出尔反尔，更不会事后变卦。所谓选择的意志倒是与我们的意识缺损状态相共存的，因而不能以它来比拟神。例如，对于我们充分熟悉的事情，就毫无进行意志选择的余地，即意志选择仅仅为怀疑、矛盾、冲突等等场合所必要。当然，如大家所说，在所谓“知”之内已经包含了自由，知即意味着可能。但是，这个可能并非必然意味着不确定之意。所谓“知”并不仅仅局限于反省的情况，直觉也是“知”。而且，直觉才是真正的“知”。知越是完整，就越是没有不确定的可能。这样，神也就没有了不确定的意志，亦即随心所欲的状态，因而，所谓“神爱”也并非指偏爱某些人，厌恶另外一些人，或者那种让某些人富足，让另外一些人潦倒的偏袒的爱。神，作为一切实在的根基，它的爱必然是平等广泛的，而且对于我们来说，其自我发展本身必然就是无限的爱。因而，在万物自然的发展之外，并没有特别的神爱的存在。爱原本是要求统一的情感，自我统一的要求就是自爱，自他统一的要求即为他爱。神的统一作用直接就是万物的统一作用，因此，正如埃克哈德所说，神的他爱必然也是它的自爱。神，像我们爱惜自己的手足兄弟一样，爱惜万物。埃克哈德还说道，神对人之爱并非随心所欲的行为，而是非此不可的行为。

如上所述，即使说神是人格性的，也不能直接将其与我们的主观精神等量齐观，相反，我们应该将其比作主客不分、物我无别的纯粹经验状态。该状态实际上是我们精神的开始，又是我们精神的终结，同时，也是实在的真相。耶稣曾说，内心清澄者可以看见神，也说只有婴儿般纯洁的人才能升入天堂，亦即到了那一时刻，我们的内心才是最接近于神的。所谓纯粹经验，也不只是指知觉的意识。在反省意识的背后也有统一，而反省的意识就是通过统一才得以成立的，可见，这也是一种纯粹的经验。在我们意识的根基处，任何情况下都有纯粹经验的统一，我们无法逃出此范围之外。也是在这个意义上，神可以被看作是宇宙根基处一个大的直觉直观，也可以被看作是囊括宇宙的纯粹经验的统一者。这样，也许我们就可以理解奥古斯丁所说的，神以恒定的直观来直察万物，以及神为静中有动，动中有静之物的观点。同时，我们也可以窥见埃克哈德的“神性”以及帕姆“无物之静穆”这些概念的含义了。一切意识的统一必须是超越意识之上、恒定不移的，所以变化是动且不动的。但是，意识的统一并不能成为知识的认识对象，因为它超越所有的范围，我们也不能为其规定任何固定的形式，而且万物都是通过它才成立的。因此，所谓神之精神，从一方面来看，确属不可知；但从另一方面来看，反而是与我们的精神息息相关的。我们能够在此意识统一的根基处直接揭示神的真面目。因此，帕姆也曾说处处有神，你所在以及所去之处都有神；通过最深刻的内部“重生”就能达到神。

也许有人会认为，如果依据上述论点，神与物之本质便会成为同一之物，即使认定神是精神性的，同理性或良心没有任何区别，但是这难道不会丧失其活生生的个性人格吗？个性只能通过不确定的自由意志而产生（这是在中世纪哲学上，斯科特反对托马斯时所持有的观点）。我们坚决不能对这种神产生任何宗教的感情。在宗教上，犯罪并非指违反法律，而是指背叛人格，忏悔不单纯是道德上的悔过，而是弑父刖母、忘恩负义般沉痛的忏悔。阿斯金评价到，宗教与道德的区别是在良心背后是否存在人格。但如黑格尔等人所说的，所谓真正的特性并非脱离普遍性单独存在的，而是被定义了的普遍性就成为个性。普遍性的东西是具体事物的精神汇集。所谓个性并非从外部将什么物质加之于普遍性之上，而是从普遍性内部发展出来的。在全无任何内在统一、只是各种性质偶然结合成的事物之内是没有个性可言的。作为个人人格组成的所谓意志自由就是普遍性的东西对自身进行了规定的意思。如同三角形的概念能够分化成各种三角形那样，某个普遍性的事物对其所包含的各种规定的可能性自觉地进行直觉，也就是自由的感觉。那么，借助完全没有任何基础的绝对自由意志恐怕很难发生个人自觉的。虽然也有“个性自有其个性”的说法，但是，真正这样的个性一定和没有任何内容的“无”没有差别。只能说具体的个性是不能在抽象的概念上被识别出来。即使是无法表现于抽象概念之上的个性，在画家和小说家的笔下也能被明显地传达出来。

所谓神为宇宙的统一，不仅仅是抽象的概念的统一。神是像我们自己那样具体的统一，也就是一个活的精神。正如，我们的精神在上述意义上可以说是个性的一样，神也可以说是个性的。理性与良心虽然可能是神的统一作用的一部分，但不是其活的精神。此种神性精神的存在，不单是哲学上的论断，也是实际中心灵所经验到的事实。在我们的意识深处，都有此种精神在进行着活动（理性和良心就是此种精神的心声）。只是受制于我们小我，我们感知不到它。例如，诗人丹尼森有过这样的经历：当他安静地默念自己的名字时，自我便在自我意识的最深处溶化为无限的实在，而且意识绝非朦胧不明的，相反是最为明确的。他说，在那一时刻他感到死亡是可笑的没影的事，所谓个人的死亡其实是真正的重生。据说从幼年时起，他便在寂寞独处时常常萌发此种感悟。文学家西蒙斯也说过，在我们的平常意识渐渐淡化的同时，在其根基内原本就有的意识会逐渐强化，终于，我们的意识内只剩下一个纯粹、绝对而抽象的自我。如果要列举宗教方面神秘人士的经历那就更不计其数了。也许，有人将此种现象视为病态，但是究竟是否为病态，就要根据它合理与否来加以定夺了。如果像我所论述的那样，实在是精神性的，我们的精神不过是其中一小部分的话，那么，我们突破自我的小意识而感到一个更伟大的精神的存在也是不足为怪的。执迷于我们小意识的苑囿之中也许反而是误入歧途。我觉得伟人必然如上所述，比一般的普通人有着更加深邃、悠远的心灵历程。

第四节　神与世界

如果认为纯粹经验的事实是唯一的实在，并且神是对它的统一的话，那么神的本质及其与周围世界的关系就都能通过我们纯粹经验的统一，亦即意识统一的性质以及它的内容二者间的关系来认识。首先，我们的意识统一是既看不到也听不到的，完全无法成为知识的对象。由于一切都是通过意识统一而成立，所以，意识统一常常是超越一切的。看到黑色而在心里呈现黑色来，并非是心变得黑了；同样，看到白色而在内心呈现白色，也不是心变白了。佛教原本就是这样的，即使在中世纪哲学中，狄奥尼修斯派的所谓消极神学常常用否定的态度来看待神，他们也反映了上述观点。库斯的尼古拉也说过，神超越有和无，既是有，又是无。当我们深刻地对自我的意识深处进行反省时，我们就能体会到帕姆所说的，神是“无物的静穆”，是“无极”或“无对象的意志”等等箴言的深刻含义，并且会被一种崇高而不可思议的神秘感受所触动。此外，对于所谓神的永恒、普遍存在、全知全能这些说法也都应该以这个意识统一的本质来诠释。因为时间、空间是通过意识统一而成立的，所以神是超越时间、空间之上而永远不灭、无处不在的。又因为一切都是通过意识统一而产生的，所以神又是全知全能、无所不知的；对神来说，知与能也是同一的。

那么，上述那种绝对无限的神与这个世界的关系又是怎样的？脱离了有的无就不是真正的无，排除了一切的一就不是真正的一，绝无差别的平等就不是真正的平等。没有神就没有这个世界，同样，没有世界也就没有神。当然，上述所谓世界并非指我们对这个世界。如斯宾诺莎所说，神的属性是无穷无尽的，因此，神必然包含无限的世界。只是世界必然是神的本质的表现，而非其偶然作用的结果。神并非一次性地创造了世界，而是恒久地成了世界的创造者（黑格尔）。总之，神与世界的关系是意识统一与其内容的关系。意识统一的内容是通过该统一而成立的，抛开意识内容便没有了统一。在意识内容及其统一中，不是存在已被统一的和正在统一的两种事物，而是同一实在的两个方面。一切意识内容在其直接经验状态中，只是一个活动，但是由于将其作为知识的对象来加以反思，其内容便被分解为各种各样、各具差别的分子。从它的发展过程来看，首先，一个意识内容作为整体在冲突之下出现了，接着由于矛盾冲突的存在，其内容便被反思、分析。这让我不由自主地想起帕姆的话，他说，也可以说是没有对象的意志发现早先的神，进而提高对自身的反思，亦即由于将自身作为镜子从而区分出主观与客观，由此发展出神与世界。

原本，实在的分化及其统一只是同物一体，而不应该被看作两物的：亦即一方面是统一；而另一方面则意味着分化。以树木为例，花为花朵应有的面貌，叶为树叶应有的样子，这样才能显示出树的本质。上述的区别只是我们思想中的事，而非直接事实上的东西。歌德说过，自然既没有外壳，有没有内核，一切事物同时既是外壳，又是内核；正因如此，在具体的真实在上，亦即在直接经验的事实上，分化与统一只是同一个活动。例如，一幅画或者一支歌，它们的笔画、曲调无一不是整体精神的传达；并且对画家和音乐家来说，本来作为一种灵感的东西，却能够瞬间迸发而成为千姿百态的山水或者绕梁不绝的乐曲。在这样的状态上，神就是世界，世界就是神，像歌德在“大哉，以佛所人，黛艾娜”的诗中所说，一味在头脑中思考抽象的神的人，倒不如那些不理会保罗的说教、专心制作黛艾娜银龛的银匠，在某种意义上讲，后者反而更加接近真正的神。又如埃克哈德所说，连神都没有的地方才能真正让我们看到神。在上述状态下，天地间只有一线之隔，万物与我化为一体。但是，如上所述，一方面看来，这是由于实在系统内的冲突，从另一方面看，这又是其发展的必然过程，必然要发生实在系统之内的分裂，即必然发生所谓的反省。通过该过程，原来是现实的事物，便化为观念性的事物，原本是具体的事物便成为抽象的，原本是一的便成为多的。于是，一边是神，另一边是世界；一面有我，一面也有物，这样便成为彼此相对、物物相悖的局面。传说中我们的祖先偷吃伊甸园里智慧树上的果实而被驱逐出伊甸园的说法，也在暗示着这个真理。人类先祖的堕落，不仅是在亚当夏娃的古代，也是时时刻刻在我们内心中发生着。但是反过来想，不论是分裂抑或是反省，都不是另外存在此种作用，而是作为统一的一个方面的分化作用的发展历程而已。在分裂与反省的背后蕴含着更为深远的统一的可能性，反省是达到深刻统一的必然途径（因此，有着“圣人尚且枉生，何况恶人乎”的感慨）。神，在表现其最深刻的统一之时，首先，必须彻底地进行分裂。从一方面来看，人类就是神的自觉。借助基督教的传说来讲，有了亚当的堕落，才能有耶稣的救世，进而显示了无限的神爱。

那么，根据上述世界与神之间关系的观点，应该如何阐明我们人类的个性呢？如果认为万物是神的表现，只有神才是真正的实在的话，是不是就得认为我们的个性是骗人的假象，像泡沫那样毫无任何意义呢？我想未必如此。当然，那种所谓脱离神而独立存在的个性是不存在的，但是并不能因为这样，就将我们的个性视为完全虚幻无物的，相反，我们的个性可以视为神的发展的一部分，亦即其分化作用之一。正如每个人都肩负着神给他的使命而降生一样，我们的个性也是神性的分化产物，每个人的发展就会汇聚为神的发展。在这个意义上，可以说我们的个性具有永久性的生命，而且能够永远处于发展中。神与我们的个人意识间的关系就是意识整体与其部分之间的关系。在一切精神现象中，各部分都处于整体的统一之内，同时，又必须是独立自存的意识（在精神现象中，各部分都是其目的本身）。我们坦言万物是神的唯一的表现，并不是一定要否定每个人自觉的独立。例如，我们每时每刻的意识都是既处于个人的统一之下，同时，普遍地各自又都能视为独立的意识。伊林渥斯说，一种人格必然要去寻求其他的人格，在其他的人格之上，自我能够得到完整人格的满足，也就是说，爱是人格不可缺少的特征。承认他人的人格就是承认自我的人格。此种相互承认彼此人格的关系就是爱，从另一方面来看，就是两个人格的合二为一。由于爱的缘故，两个人格互相尊重、彼此独立，同时又能够合一而成为一个人格。由此可见，因为神具有无限的爱，所以，它可以说既包含一切人格，又承认一切人格的独立。

其次，对万物是神的表现这一观点有人责难为“泛神论思想”，但是他又是怎样解释恶的根本问题的。在我看来，世界上本来就没有可以绝对称为恶的东西，万物原本都是善，应该确切地讲，实在就是善。宗教学家虽然极力揭露肉欲之恶，但是肉欲也不是绝对的恶，只有在它有碍于精神的积极向上时才称其为恶。又如，进化论派的伦理学家认为，今天我们称之为最恶的东西，在某个时代却是一种道德，也就是可以说是过去的道德的遗存，只是因为不适合今天的时代趋势才成为恶。因此，并非物的自身本来就是恶，恶是因为实在系统之内发生冲突而产生的。那么，冲突又是从何而来的呢？这是由于实在的分化作用而发生的，也是实在发展的一个重要条件。实在就是由于矛盾冲突而发生、发展的。像墨菲特里斯自称“常常寻求恶，又往往创造善的力量的一部分”那样，也可以说，恶是构成宇宙的一个因素。诚然，恶并非促进宇宙统一与进步的力量，因此，当然不能以其作为目的。但是，消除一切罪恶，没有任何不满的、相安无事的理想世界应该说是极其平庸而浅薄的世界。不了解罪恶的人也就不能真正认识神的爱。没有不满、全无苦恼的人，是无法理解最深远的精神上的旨趣的。罪恶、不满与苦恼都是催化我们精神上进的重要条件，因此，在这些问题上，真正的宗教学家是看不到神的矛盾的，反而深深地感到自己沐浴在神的恩宠之中。世界不会因为有了这些东西的存在就变得那样残缺破败，相反，是变得更加丰富而深远了。如果从这个世界上将这些东西清除殆尽，那么，我们不仅会丧失精神向上的途径，而且不知同时会有多少美好的精神事业也从这个世界上消失无余。从整个宇宙来看，如果我们认为宇宙是由精神的意义建构起来的话，那么就不能因为这些东西的存在就认定宇宙的残缺不全，相反，我们能够体悟他们存在的必要以及不可或缺的理由。罪恶的确令人憎恶，但是世界上没有比忏悔罪恶更美的事物了。我在这里不仅想起王尔德在《狱中记》所写下的这段话：耶稣将罪人看作是最近接完整的人并关爱有加，将诙谐的盗贼转变成乏味的正直者才不是他的目标。他以世人未知的方式将罪恶与苦恼变成最为美丽圣洁之物。当然，罪人是不得不悔改的，不过这是他在完成耶稣所从事的事情。希腊人认为，人是不能改变自己的过去的，甚至也有这样的说法：神也无法改变过去。但是耶稣却让人们看到最普通的罪人也能弃恶从善。当那个花花公子跪地痛哭时，耶稣一定会说他让过去的罪恶与苦恼一并化成了一生中最为美丽圣洁的时刻。以上是王尔德的陈述，王尔德也一度是罪人，所以他能够透辟地认识罪恶的本质。

第五节　知与爱

这一篇并非本书的续稿，但是因为与本书有着一些思想关联，故此，附加于此。

人们通常认为：知与爱是完全不同的精神作用。但是，我认为这两种精神作用绝不是不同的，而是本来就同一的精神作用。那么，他们是何种精神作用呢？简言之，就是主客合一的作用，物我合一的作用。为什么知是主客合一的作用？因为，所谓我们认识物的真相，就是把自己的假想臆断，所谓的主观之物剔除殆尽，而让其与物的真相相一致，也就是同纯客观相一致，这个时候才能很好地认识世界周遭。例如说月亮上有黑点的地方是玉兔在舂米，或者说地震是地下的大鲶鱼在蠕动，这些都是主观的臆想。所以，在天文学和地质学上，我们完全抛弃这些臆想，按照纯客观的自然规律进行研究，才能摸清这些现象的真相。我们越是客观，就越能更好地认识物的真相。几千年来科学进步的历程充分、有力地说明了我们人类抛弃主观、服从客观所走过来的道路。接下来，我们再探讨一下爱是主客合一的问题。所以，我们爱物就是我们抛弃自我而与他物相一致。只有物我合一，二者之间毫无间隙，才能发生真正的爱情。我们爱花就是我们自己与花相一致。爱月就是与月相一致。父母成为子女，子女成为父母，这样才能生发父母子女之爱。由于父母体谅子女，所以感受到子女与自己利害相关；由于子女体谅父母，所以对父母的喜怒哀乐感同身受。我们越是抛弃自我的私欲，接近于纯客观，即成为无私，我们的爱就越是深刻、越是伟大；也能够从子女父母夫妻之爱推广到友谊之爱，进而推进到人类之爱。而佛陀之爱甚至普施到鸟兽草木。

这样看来，知与爱就是同一的精神作用。因此，要认识物就必须去爱物，要爱物就必须去认识物。数学家舍弃自我而钟爱数理，与数理形同莫逆，因而能够十分明晰地阐明数理。艺术家热爱自然，与自然互为知音，水乳交融，才能捕捉到自然的真貌。再从另一方面来看，因为我熟识我的朋友，所以爱我的朋友。越是处境相同，志同道合，并且彼此了解得越深入，相互间的爱恋之心就越发浓厚。但是，正如爱是知的结果一样，如果将这两个作用分开来看待，就无法懂得爱与知的真相。知即爱，爱即知。例如，当我们投入于我们所喜爱之物时，几乎是没有任何意识的。这就是忘却了自我，只剩下一个超越自我的、不可思议的力量在正大光明地进行着这个活动。此时此刻，既没有主，也没有客，而是真正的主客合一。此时此刻知就是爱，爱就是知。当自我的精神完全被数理的奥妙所占据而为之废寝忘食时，就是我知数理，因此我爱数理的时候。此外，如果我们对于他人的喜忧完全不分彼此，乐他人之所乐，悲他人之所悲，此时此刻就是我在爱他人，并在体谅他人。爱，就是对他人的感受进行直觉。在援救即将落入水池的孩童时，甚至来不及产生对孩童的可爱的感情就纵身一跃，这正是上述观点的有力证明。

人们常说爱是一种感情，应该同纯粹的知识相区别。但是，事实上在精神现象之中，既没有纯粹的知识，也没有纯粹的感情。这种区别不过是心理学家为了学术研究的便利而假定的抽象概念。正如，学术的研究必须通过一种感情来维系一样，爱他也必须以一种直觉为基础。根据我的看法，所谓普遍的知就是对非人格的对象的知识；即使对象是有人格的，我们也是将其视为非人格的对象来看待。与此相反，所谓爱是对有人格的对象的知识；即使对象是非人格的，也把它当作有人格的对象来看待。两者的差别不在于精神作用本身，倒可以说是在于对象的类别。正像自古许多学者与哲人所说的那样，如果宇宙实在的本体是人格性的话，那么，爱就是把握这种实在的本质性的力量，也就是对于物的最深刻的知识。通过分析推论而得到的知识，是物的最浅表的知识，因为它并不能把握实在本身。我们只有通过爱才能得到最深刻的知识。爱是知的顶点。

以上大致论述了爱与知的关系，现在我们结合着宗教再来看看。主观是自我能动之力，客观是他物实施之力。我们说知物与爱物就是舍弃自我之力，树立他力的自信的意思。如果说人一生的致力不外乎是知与爱的话，那么我们就是每天在他物之力的信心之上进行活动的。学问也好，道德也好，都是佛陀的瑞光，宗教则是这个作用的极致体现。学问与道德是在各个不同的现象上蒙受此种他力的祥光，而宗教则是在整个宇宙上与绝对无限的佛陀相遇相知。“我的父啊，如果可以，请您让这个杯子离开我；然而无须顺从我的意愿，正要遵照您的心意即可。”“念佛真的是升入极乐净土之根本呢，还是坠入地狱之穴呢，他们都是无从知晓的。”这些话表达了宗教最深远的含义。然而，要想认识这个无限的佛陀或是神，只有爱他才能做到，爱他就是认识他。印度的吠陀教派以及新柏拉图学派还有佛教的圣道们讲“知”，基督教和净土宗讲“博爱”或者“皈依”。虽然各具特色，但其本质还是相同的。神，不能通过分析和推理来认识。如果认为实在的本质带有人格性的话，那么神就是最富于人格性的。我们只有通过爱或者信的直觉才能够认识神。所以如果有人说我不认识神，我只是爱神，或者说我信神，他就是最了解神的。